TEXTE ORIGINAL **MAGDALENA WAGNEROVÁ** ADAPTATION FRANÇAISE **ANNE DARTIGUES**

UNE HISTOIRE POUR CHAQUE SOIR

366 histoires du petit bonhomme vert

ILLUSTRATIONS **MARTINA SKALA**

Gründ

Adaptation française : Anne Dartigues
Secrétariat d'édition : Jérémie Salinger

ISBN 2-7000-1683-1
Dépôt légal : août 2003
PAO : Studio Philippe Marchand
Imprimé en République tchèque

Loi n° 49-956 du 16 juillet 1949
sur les publications destinées à la jeunesse.

1er

janvier

BONNE ANNÉE !

C'était le jour du Nouvel An. Cette année Mathias allait entrer à l'école ! Il était vraiment impatient ! Mais il était encore petit et, comme chaque soir, sa maman vint lui souhaiter bonne nuit. Elle s'assit au bord du lit et posa sur l'oreiller une belle pomme verte, comme chaque soir. Pendant qu'elle lui racontait une histoire, Mathias croqua sa pomme, comme chaque soir. Maman lui souhaita beaucoup de bonheur pour cette année pleine de nouveautés, l'embrassa sur le front, éteignit la lumière et sortit.

La chambre fut plongée dans l'obscurité.

Mathias tenait dans sa main le trognon de pomme. Que faire ? La poubelle était si loin et la nuit si profonde ! Et *hop !* il jeta le trognon sous le lit.

2
janvier

LE TROGNON

Mathias s'éveilla et entendit un drôle de bruit. « Et si c'était la nouvelle année ? » Mais ça grondait et craquait juste sous son lit. Mathias prit peur. Il se souvint de la veille et regarda sous le lit.

– Te voilà enfin, toi là-haut ! dit une petite voix.

– Qui es-tu ? s'étonna Mathias.

– Je suis Petit Trognon et je n'ai pas fermé l'œil de la nuit ! se plaignit le petit bonhomme vert en forme de trognon de pomme qui grimpa sur le lit. Puis il se couvrit jusqu'au menton et ferma les yeux. Comme Mathias allait protester, il murmura « bonne nuit ! » et un léger ronflement de pomme se fit entendre…

3
janvier

LA PROMESSE

Jusque-là, la vie du petit Mathias était plutôt monotone. Il n'avait ni frère, ni sœur, ni même de chien, de chat ou de tortue. Ses deux parents travaillaient et Mathias s'ennuyait un peu. Mais maintenant, il avait Petit Trognon. Et il jura solennellement de ne jamais jeter Petit Trognon à la poubelle, qui était pourtant sa vraie place. En échange, il espérait bien vivre de grandes aventures…

4
janvier
L'ASPIRATEUR

Maman aimait la propreté. Elle aérait chaque matin, essuyait la poussière chaque samedi et nettoyait les vitres chaque trimestre. Et elle passait l'aspirateur très souvent. Quand Mathias s'y attendait le moins, elle faisait irruption dans sa chambre et l'aspirateur avalait tout ce qu'il trouvait sur sa route. Quand il était petit, Mathias craignait d'être dévoré aussi. Maintenant il savait bien que l'aspirateur préférait les papiers importants et les billes perdues. Récemment, il avait même avalé les clés de l'appartement ! Mais Mathias ignorait ce que l'aspirateur pouvait bien faire avec les pommes…

5
janvier
UNE BONNE RÉSOLUTION POUR LA NOUVELLE ANNÉE

Dehors, il neigeait. Papa voulait lire son journal et Maman préférait se promener. Mais le journal était introuvable et la neige tombait de plus en plus, et Papa décida de regarder la télévision et Maman de rester au chaud. Pour s'occuper, elle sortit l'aspirateur et partit à l'attaque dans la chambre d'enfant. Droit vers le lit. Mathias poussa un cri. Maman arrêta l'aspirateur, tout étonnée.

– Je suis grand, maintenant ! déclara Mathias. À partir d'aujourd'hui, je nettoierai ma chambre tout seul !

Et voilà comment, ce jour-là, Petit Trognon fut sauvé.

6

janvier

LE COURANT D'AIR

Il était temps d'emmener le petit bonhomme vert en promenade. Mathias s'habilla chaudement et Petit Trognon emprunta son pull tricoté à Pierrot, l'ours en peluche. Celui-ci voulait sortir aussi, mais Mathias craignait qu'il n'ait froid.

– Tu vas attraper un rhume ! ajouta Petit Trognon.

– Qui a dit que les ours en peluche attrapaient des rhumes ? répondit Pierrot.

– Alors viens avec nous, décida Mathias, qui ouvrit la porte.

Un courant d'air les souleva et les poussa dehors.

7
janvier

PLUS VITE QUE LE VENT

Mathias,
Petit Trognon et l'ours Pierrot
volaient plus vite que le vent.
– Le premier arrivé à l'église pourra
attraper la girouette ! cria joyeusement
le vent qui inspira et souffla de toutes ses forces.
Il allait réussir, mais l'aiguille de l'horloge en eut assez. Elle savait
bien que le vent gagnait toujours : il choisissait chaque fois des adversaires
moins rapides et emportait la girouette. Alors l'aiguille arrêta sa course
et attendit que les trois autres atteignent l'église.

8

janvier

L'HIBERNATION

Mathias eut une idée :
– Et si nous faisions un
bonhomme de neige ?
Petit Trognon ne savait pas
ce que c'était, mais comme il était très
curieux, il accepta avec enthousiasme.
Pierrot grogna. Lui savait bien ce
qu'était un bonhomme de neige.
Cette idée ne lui plaisait pas du tout.
– Qui a dit que les ours en peluche
faisaient des bonshommes de neige ?
L'hiver, les ours comme il faut dorment,
déclara-t-il, et il retourna à la maison
pour hiberner.

9

janvier

LE BONHOMME DE NEIGE

Mathias expliqua à son nouvel ami comment faire. Ils roulèrent une grosse boule de neige, puis une moins grande. Ils posèrent la troisième, beaucoup plus petite, au sommet. Une, deux, trois !

Sur la tête une vieille casserole, deux charbons pour les yeux et une longue carotte pour faire un grand nez.

– Bonjour, dit le bonhomme de neige en s'inclinant lourdement, et il les invita au royaume des Neiges.

10
janvier

DES INVITÉS DE MARQUE

– Le royaume des Neiges ? demanda Petit Trognon.
Le bonhomme de neige désigna un grand château blanc où la neige elle-même régnait. Les portes s'ouvrirent et tous trois pénétrèrent dans une cour toute blanche. Des fanfares résonnèrent et un cortège de bienvenue s'élança à leur rencontre.
Alors apparut la reine des Neiges : elle était d'une beauté à couper le souffle, dans une robe tissée de flocons fragiles et légers comme la soie la plus pure. Elle engagea le bonhomme de neige dans sa garde personnelle et remit à Mathias et à Petit Trognon la médaille du Mérite extraordinaire.
Puis elle offrit à ses hôtes un petit rafraîchissement.

11

janvier

LE FESTIN DE LA REINE

Des cygnes immaculés apportèrent des friandises merveilleuses : du chocolat glacé, des crèmes au givre, des cornets de glace qui mettaient l'eau à la bouche… des tartes givrées de toutes les formes possibles et impossibles… des sorbets décorés de noisettes… des pains de glace au cacao… de la mousse de neige à la chantilly et bien d'autres délices dont Mathias n'avait jamais entendu parler. Le pauvre Trognon mangea tant de glace qu'il en fut tout gelé.

12
janvier

TROP, C'EST TROP

Petit Trognon mangea toutes les glaces aux noisettes, quatre pains de glace au cacao et deux cornets de sorbet. Rien d'étonnant à ce qu'il se change en glaçon ! Mathias essaya de le réchauffer comme il put, souffla sur lui, le secoua, mais rien n'y fit. La reine des Neiges prit peur que cette légère chaleur ne fasse fondre son royaume et ses sujets. Le bonhomme de neige voulut protéger sa souveraine. *Crac !* Le palais disparut. *Crac !* Et Mathias se retrouva près de chez lui. Il prit doucement le petit bonhomme vert dans ses bras et s'empressa de l'emporter dans sa maison. *Crac !* Et Petit Trognon finit sous l'édredon.

Petit Trognon gelé

13
janvier

LE THÉ AU CITRON

Aïe ! aïe ! aïe ! Sous l'édredon dormait déjà l'ours Pierrot. Quand Petit Trognon le vit, il le menaça de garder son pull s'il ne l'aidait pas. Mathias gagna la cuisine pour préparer du thé au citron. Pierrot ouvrit un livre de contes, chercha l'histoire du *Cœur brûlant*, qu'il préférait entre toutes, et commença à lire.

Petit Trognon malade

14

janvier

LE CONTE

Un jour, le roi Hiver envahit le monde. Tout gela, maisons, arbres et fleurs,
hommes et bêtes. Et aussi Henry et Juliette qui s'aimaient tendrement.
Comme ils se tenaient la main, l'Hiver les réunit en un seul glaçon.
Il refroidit tout d'un regard et la terre se changea en une gigantesque
boule de glace. Mais il oublia… le cœur brûlant des amoureux.
L'amour de Juliette pour Henry était plus fort que la magie des glaces.
Le cœur de la jeune fille brûlait comme mille feux et réchauffa
bientôt toute la terre. Hommes et bêtes revinrent à la vie,
puis les arbres, les rivières et les fleurs.
Seuls ceux qui avaient un cœur de glace
restèrent aussi gelés qu'avant.

15
janvier

L'AMITIÉ

Mathias apporta le thé au citron juste à point. Petit Trognon but une gorgée et ouvrit les yeux. *Clic ! clic !* Pierrot rangea le livre dans la bibliothèque. Le petit bonhomme vert but une autre gorgée et sentit une agréable chaleur envahir tout son corps. *Mmh !* Mathias et l'ours sourirent et Petit Trognon comprit ce qu'était l'amitié. L'amitié est un thé au citron sous l'édredon et le conte du *Cœur brûlant*, et un pull emprunté. Et un sourire. Petit Trognon s'assit, retira le pull et le tendit à Pierrot. Puis il sourit aussi.

16
janvier

ENTOURÉ DE SOINS ET D'AMOUR

Petit Trognon se rétablit avant même d'être tombé malade.
Il faut dire que Mathias lui préparait du thé au citron cinq fois par jour
et le couvrait jusqu'au menton. Et Pierrot ? Tous les soirs, il lui lisait un conte.
Il n'oubliait pas d'ajouter :
– La clochette a tinté, l'histoire est terminée !
C'était le moment préféré de Petit Trognon,
qui s'endormait d'un profond sommeil.

17
janvier
LA PEUR

L'hiver, la neige tombe. Quand la neige tombe, tout le monde fait du ski, du patin ou de la luge. Et Mathias, plus que tout, aimait skier. Comme en ville c'est impossible, il demandait souvent à Papa d'aller à la montagne.
– On a encore le temps, grognait Papa.
– Dans deux semaines, on verra… ajoutait Maman.
On verra, on verra ! Mathias avait peur d'attendre si longtemps que toute la neige soit déjà fondue. La montagne couverte d'herbe, c'est beau… mais comment skier sur l'herbe entre les perce-neige ?

18
janvier
COMMENT PAPA EST ARRIVÉ EN RETARD AU TRAVAIL

Le petit bonhomme vert se mit à imaginer les blagues les plus diverses. Il commença par emmêler les lacets de chaussure de Papa.
– Qu'est-ce que ça veut dire ? se fâcha ce dernier, impossible de mettre mes souliers. C'est une plaisanterie de Mathias ?
– Il ne se rend pas compte, le calma Maman.
– C'est ça, bien sûr ! ironisa Papa.
Et il arriva en retard au travail.
Le soir, il n'adressa pas la parole à Mathias, qui n'y comprenait rien.
Petit Trognon, si !

guéri

19

janvier

UN NOUVEAU JEU

Le petit bonhomme vert
découvrit ensuite les chaussettes.
Merveilleux !
Vertes, rouges, noires ou blanches, longues ou courtes,
épaisses ou fines, neuves ou usées. Petit Trognon
préférait la chaussette droite : il s'y glissait et courait
de long en large dans l'appartement.

20

janvier

LA CHAUSSETTE NOIRE

Papa regardait la télévision quand une chaussette
de laine noire traversa soudain la pièce en rampant
comme un ver de terre. « Soit je deviens fou,
soit j'ai trop travaillé aujourd'hui » pensa-t-il,
et il se retourna vers l'écran.
La chaussette noire fit demi-tour et repartit dans
l'autre sens. Papa éteignit la télévision et se prépara un
café très fort. La nuit, des rêves bizarres le réveillèrent,
et le matin, il ne trouva que sa chaussette gauche.

La Chaussette

21
janvier

LA CHAUSSETTE ROUGE

Maman repassait le linge quand une chaussette rouge
sortie de nulle part courut de la porte à la fenêtre
et disparut sous le buffet.
– Nom d'un petit bonhomme ! cria Maman
et elle laissa tomber le fer à repasser.
On entendit « *bssss* » et le fer brûla le plancher.
Maman se ressaisit vite.
– J'ai vu une chaussette rouge courir de la porte à la fenêtre
et se cacher sous le buffet, annonça-t-elle le soir à Papa.
Il comprit qu'il était temps de prendre des vacances.

22
janvier

MATHIAS SAUTE AU PLAFOND

– On part à la montagne ! s'écria Mathias.
De joie, il sauta jusqu'au plafond.
– Je préférerais rester ici et hiberner convenablement, grogna Pierrot.
– C'est quoi, la montagne ? demanda Petit Trognon.
Mathias fut stupéfait. Comment expliquer clairement
ce qu'est la montagne ? Alors il dit simplement :
– Tu vas devoir emprunter encore une fois le pull de Pierrot.

23
janvier

LA MONTAGNE

Depuis le temps que Mathias en rêvait… et le voilà au sommet d'une haute montagne blanche ! Partout, la neige. Sur les pentes, le chemin, les toits, les arbres ; et au-dessus de tout cela, un ciel de conte de fées.
– C'est ça, la montagne, dit Mathias.
– Même en rêve, je n'aurais jamais pensé que je reverrais le royaume des Neiges ! remarqua Petit Trognon.

24
janvier

PAPA À LA MONTAGNE

Ce que Papa préférait, c'était les promenades. Chaque matin, il rangeait dans son sac à dos des tartines beurrées, une gourde de thé et deux pommes. Il prenait ses skis, son bonnet rouge, et *hop !* à l'aventure. Toute la journée, il glissait, admirait la vue et s'émerveillait de tant de beauté. Il respirait l'air frais des hauteurs et saluait ceux qu'il croisait. Le soir, il revenait épuisé, mais heureux. Il avalait une soupe brûlante et s'endormait comme une bûche.
– Demain, je l'accompagnerai ! décida Petit Trognon, sans prévenir personne.

25

janvier

UNE NUIT À LA MONTAGNE

À l'aube, Petit Trognon se glissa dans le sac et partit en balade avec Papa. L'après-midi, fatigué de regarder de tous côtés, il s'endormit. Erreur ! Quand Papa aperçut un trognon parmi ses pommes, il le jeta sans hésiter. Et le petit bonhomme vert s'éveilla au fond d'une mystérieuse boîte à ordures, dans un refuge de montagne inconnu. Papa était déjà loin et le soleil déclinait. Petit Trognon eut peur. Il plongea entre les déchets, et s'enroula dans un vieux papier de chocolat.

– Bonne nuit, souffla-t-il à un petit papier de bonbon qui lui répondit doucement :

– Bonne nuit…

26

janvier

LA FÉE

Petit Trognon comptait les étoiles quand une jeune fille merveilleuse se pencha vers lui. Elle avait de longs cheveux blonds et une robe blanche qui étincelait comme la neige sous le soleil. Elle s'inclina et embrassa le petit bonhomme vert sur le front. Alors une musique angélique retentit.

– Voulez-vous danser ? sourit l'inconnue.

Et Petit Trognon, quittant sa poubelle, la prit par la taille. La jeune fille tournait de plus en plus vite, la musique accélérait et la neige gelait les pieds du danseur. Petit Trognon sautilla pour se réchauffer, perdit le rythme, et se réveilla.

27
janvier
LE RETOUR

Dans ces conditions, il ne lui restait plus qu'à rentrer. Petit Trognon reprit courage et se dégagea de sa poubelle. Il s'assit sur un banc et exposa son corps transi au soleil du matin. Puis il attendit qu'un touriste pose son sac à dos près de lui. *Hop !* Il sauta dedans et se laissa porter jusqu'à la vallée, droit vers Mathias qui s'inquiétait horriblement pour lui. Pour aujourd'hui, finies les aventures !

28
janvier
MAMAN À LA MONTAGNE

Ce que Maman préférait, c'était le soleil. Le matin, elle se passait de la crème sur le visage, s'habillait chaudement, s'installait dans une chaise longue sur la terrasse et bronzait. Parfois elle s'étirait, admirait la vue et s'émerveillait de tant de beauté. Elle respirait profondément l'air frais des hauteurs et saluait joyeusement ceux qui passaient. Le soir, toute dorée, elle avalait une soupe brûlante et s'endormait comme une bienheureuse.
– Demain, je resterai avec elle ! décida Petit Trognon, sans prévenir personne.

29
janvier
PETIT TROGNON SUR LA TERRASSE

Le petit bonhomme vert décida de bronzer lui aussi. Il s'habilla chaudement (il avait justement le pull emprunté à Pierrot), sortit sur la terrasse et s'assit sur une chaise longue. De temps en temps, il s'étirait et admirait la vue ; deux fois, il respira profondément l'air frais des hauteurs et revint ensuite s'asseoir.
Alors arriva une dame. Elle prit le trognon dans la main, le jeta impitoyablement par terre et lui vola sa place. Fini le bronzage pour Petit Trognon ! Mais comme le matin, il avait oublié de se mettre de la crème, il était bien assez doré comme ça.

30
janvier

MATHIAS À LA MONTAGNE

Mathias adorait skier. Chaque matin, il avalait des tartines beurrées et du thé brûlant, prenait ses skis, son bonnet bleu et *hop !* sur les pistes. Toute la journée, il glissait, admirait la vue et s'émerveillait de tant de beauté. Il respirait l'air frais des hauteurs et saluait ceux qu'il connaissait.
Le soir, il rentrait épuisé, mais très heureux. Il avalait une soupe brûlante et s'endormait comme un nouveau-né.
– Demain, j'essaierai aussi, décida courageusement Petit Trognon.

31
janvier

PETIT TROGNON AU SKI

Mathias craignait que son ami ne se casse une jambe, mais Petit Trognon supplia tant qu'il céda. Il dessina deux petits skis sur du carton, les découpa et *hop !* sur les pistes. Monter, c'était facile, mais descendre…
– Je vais te montrer, proposa Mathias.
Mais Petit Trognon n'écoutait jamais les conseils.
Il observa bien les autres : ça avait l'air si simple ! Il s'élança et *fizzz…* fila à toute allure. Mais comment s'arrêter ? Il prenait de la vitesse et criait tant qu'il pouvait. Et *plouf !* Droit dans le ruisseau ! Heureusement, seuls ses skis furent emportés. Ils tombèrent à l'eau et coulèrent à pic ; ils ne rentrèrent à la maison que le lendemain. Mathias allongea le petit bonhomme vert dans son sac à dos et ferma la fermeture éclair. *Zip !* Fini le ski pour cette fois !

1er
février

UNE QUESTION SIMPLE

Et ils rentrèrent à la maison.
– C'est quoi, la maison ?
demanda Petit Trognon.
– La maison, c'est la maison, répondit Mathias.
Mais Petit Trognon ne comprenait pas bien.
Mathias essaya d'imaginer comment
il pourrait expliquer au petit bonhomme vert
ce qu'était la maison.
Ce qui n'est pas si simple…

2
février
UN POISSON DANS L'ÉTANG

La maison c'est d'abord Papa et Maman. Ça, c'était évident. Papa et Maman font partie de la maison comme la tête appartient au corps et le poisson à l'étang. Et Petit Trognon savait très bien qui étaient Papa et Maman !

3
février
PAPA

Papa est une grande personne qui part chaque matin on ne sait où et rentre chaque soir.
Petit Trognon pensait que s'il restait à la maison, il ne serait pas si fatigué le soir. Mais dans le secret de son âme, il se doutait bien que Papa ne l'écouterait pas, et il préférait donc se taire.

4
février
MAMAN

Maman est aussi une grande personne, mais à la différence de Papa, elle ne sait pas compter. Quand elle fait des choux à la crème, elle demande à Mathias :
– Combien tu en veux ?
La plupart du temps, Mathias répond cinq, mais Maman lui en sert toujours sept.

5
février
L'OURS PIERROT

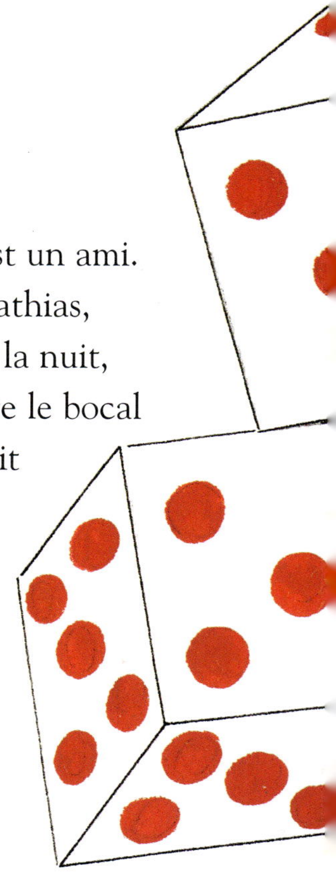

La maison, c'est aussi l'ours Pierrot.
Même quand il bougonne et ne veut pas jouer, il est toujours là. C'est un ami.
Il s'endort avec Mathias, se lève avec Mathias, s'inquiète avec Mathias, sourit avec Mathias, et parfois – mais rarement – dans le secret de la nuit, il grimpe dans le placard de la cuisine sans réveiller personne. Il ouvre le bocal de miel et *slurp, slurp*. Le lendemain, quand Maman s'aperçoit qu'il manque du miel, Mathias dit que c'est lui.

6
février
LES JOUETS

La maison, c'est aussi tous les autres jouets. Le train en bois. Le jeu de construction avec lequel Mathias bâtit la maison où il vivra un jour, le château de la princesse qu'il épousera un jour, la gare d'où il partira pour faire le tour du monde quand il sera grand. Et les billes, le ballon et les petits Indiens. Ils montent à cheval, portent des arcs et des flèches, et font assez peur. Presque autant que madame Vartel, qui habite au deuxième étage et a toujours l'air grognon

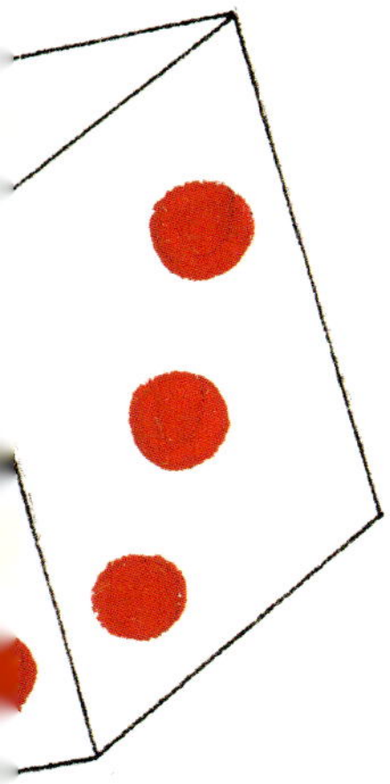

7
février

LES RÊVES LES PLUS BEAUX

La maison, c'est aussi avoir un lit ! Comment oublier son lit adoré ? Ce n'est déjà plus le lit à barreaux d'il n'y a pas si longtemps. Mathias a maintenant un lit presque aussi grand qu'un lit d'adulte. Et comme il y dort bien ! Et comme il y fait de beaux rêves ! Mathias sait bien qu'il ne ferait pas de rêves aussi merveilleux dans un autre lit !

8
février

LES ÉTOILES DANS LE CIEL

La maison, c'est aussi la cuisine. Là, c'est Maman la reine. Elle n'a pas un sceptre en main, mais une cuillère en bois. Et quand elle veut faire plaisir à Mathias, elle prépare des crêpes à la confiture de framboise ou un gâteau aux amandes. Les amandes se mettent en rang comme des petits soldats et défilent pendant que Maman arrose la tarte de chocolat fondu. Alors, Mathias imagine que ce sont les étoiles dans le ciel. Aviez-vous déjà remarqué que les étoiles défilaient en bon ordre dans le ciel ?

9

février

LES MOUSTIQUES

La maison, c'est encore autre chose…
À la maison, Mathias est en sécurité. Quand il pleut, il reste au sec.
S'il fait froid, il est au chaud. Il ne risque pas de se faire mordre par un chien ou renverser par une voiture. Dans la maison, il n'y a même pas de moustique (bon, peut-être un quelquefois, mais on peut le faire sortir par la fenêtre.)
Et les petits soldats de plomb ne font que ce que Mathias leur ordonne.
À la maison, rien de grave ne peut arriver.

10

février

L'EXCEPTION QUI CONFIRME LA RÈGLE

Pourtant, une fois, une chose ennuyeuse s'est produite.
Mathias regardait tranquillement par la fenêtre quand ses soldats chargèrent soudain leurs fusils et tirèrent dans tous les sens !
La maison tremblait comme si la guerre avait éclaté. Et madame Vartel, la dame grognon du deuxième étage, tambourina à la porte !
Mathias se retourna et les soldats disparurent en un clin d'œil dans leur boîte.

11
février

LA PUNITION

– Pour la peine, vous serez tous consignés à l'intérieur ! décida Mathias.
Il rabattit le couvercle de la boîte et l'entoura d'un élastique.
– Encore une bêtise et je vous enferme définitivement !
Les soldats prirent le temps de réfléchir et conclurent qu'il valait mieux attendre que Mathias donne des ordres au lieu de tirer dans tous les sens.
Car une maison, on n'en a qu'une !

12
février
UNE RÉPONSE SIMPLE

Les soldats restèrent dans leur boîte un jour,
puis deux, et commencèrent à se plaindre :
– Laisse-nous sortir ! Nous avons horriblement faim !
– Je vous libérerai si vous n'oubliez plus jamais que la maison, c'est la maison,
un point c'est tout ! conclut Mathias, et il les remit en liberté.
Et même en cherchant cent ans, on ne pourrait trouver meilleure réponse.
Puis il s'enroula dans sa couette, souhaita une bonne nuit à son ours
et s'endormit. Il fit un rêve magnifique.

13
février
UNE BELLE HISTOIRE

Il était une fois dans une grande cité un homme nommé Vartel
que les habitants avaient élu maire. C'était un brave homme,
mais parfois le destin est cruel même avec les braves gens.
Sa femme lui donna deux beaux jumeaux, Jérôme et Émilie,
semblables de visage et de caractère, puis mourut.
Le maire n'avait pas le temps de s'en occuper
Il décida donc de se remarier.

14
février
LA BELLE-MÈRE

La nouvelle madame Vartel se plaignait que les deux enfants de son mari lui donnaient trop de travail et qu'elle n'avait plus de temps pour elle. Tout le monde trouvait qu'elle exagérait un peu, mais personne n'osait rien dire. Les jumeaux regrettaient que leur belle-mère ne se montre pas plus gentille, mais ils finirent par s'habituer.

15
février
UN GRAND MALHEUR

Devenue jeune fille, Émilie choisit un époux. Le maire fit préparer une noce magnifique, mais la veille de la fête un grand malheur s'abattit sur la ville. Le ciel noircit comme avant l'orage, des bourrasques emportèrent les arbres, puis une curieuse lumière envahit le ciel. Et dans les rochers où les gens se promenaient le dimanche apparut une étrange femme.

16
février

FAMINE

C'était peut-être une sorcière,
peut-être une mauvaise fée, qui sait,
mais bientôt on ne l'appela plus
que Famine. Chaque nuit,
elle dévorait toutes les réserves
de la ville : farine, sucre, pain,
semoule, œufs, haricots, fèves, fruits.
Famine but aussi tout le vin et
la bière. En quelques jours,
les habitants coururent le risque
de mourir de faim.

17
février

LA RANÇON

Le brave maire s'aventura
dans les rochers et demanda
à Famine à quel prix elle
accepterait d'abandonner la ville.
– Donne-moi un de tes enfants !
ricana-t-elle. Ta fille comme
servante, ou ton fils comme mari !
Le pauvre homme rentra chez lui,
ne sachant que faire.
Mais sa femme prit rapidement
une décision.
– De toute façon ta fille se marie
bientôt et quitte la maison,
alors pourquoi hésiter ?
Car elle avait un cœur de pierre.

18
février
LA PREMIÈRE NUIT

Jérôme, navré pour sa sœur, décida de se présenter à sa place. Il le fit pour sauver Émilie, la ville (car dans ses veines coulait déjà le sang d'un bon maire !) et, qui sait, apprendre de Famine des choses utiles. Il n'en dit rien à personne et, la nuit, quitta la maison sans être vu.

19
février
LA MYSTÉRIEUSE VIEILLE FEMME

Dans les rochers, Jérôme rencontra une vieille femme égarée. Le vent sifflait, la tempête hurlait : sans hésiter le jeune homme la raccompagna jusqu'au chemin avant de remonter. Il lui demanda juste d'aller rassurer sa famille.

20
février
LA SECONDE NUIT

Mais Émilie était comme son frère et refusa de rester les bras ballants. Elle ne voulait pas que Jérôme épouse une femme dont personne ne savait rien, et préférait encore devenir servante. Le soir suivant, elle quitta secrètement la maison et partit à la recherche de son frère.

21
février

LA HOTTE PERDUE

Dans les rochers, Émilie rencontra une vieille femme qui avait perdu sa hotte. La nuit et l'orage approchaient. Émilie retrouva la hotte et la rendit à la vieille femme. Elle lui demanda juste d'aller rassurer son père et sa belle-mère.

22
février

LE SECOND JOUR

Cette nuit-là, pour la première fois depuis longtemps, pas un seul grain de farine ne disparut. Chacun put faire son marché et manger à satiété. Mais le maire trouva vide la chambre de ses enfants. Sans attendre, il partit dans les rochers pour les libérer.

23
février

LA VIEILLE FEMME SUR LE DOS

Le maire rencontra une vieille femme qui traînait la patte.
– Où donc allez-vous ?
– En ville, mon bon monsieur, répondit-elle.
Sans hésiter, le maire la prit sur son dos et la conduisit, lui demandant de passer voir sa femme. Puis il remonta vers les rochers.

24
février

TROIS MESSAGES

Le premier jour, une vieille femme vint avec un message de Jérôme. Le second jour, une vieille femme vint avec un message d'Émilie. Le troisième jour, une vieille femme vint avec un message de son mari. La femme du maire comprit enfin. Trois personnes se faisaient du souci pour elle, alors même que leur propre vie ne tenait qu'à un fil.

25
février

SUR LA PLACE

Le soir, tous les habitants se réunirent sur la place.
– Hier, j'avais rangé le sucre, et je l'ai retrouvé intact !
– Moi, j'avais posé une cruche de vin sur la table, et elle est encore pleine !
– J'ai fait des gâteaux et il n'en manque qu'un, que mon enfant a mangé !
se racontaient les gens.
La ville était sauvée.
Alors la femme du maire partit pour les rochers jusqu'à une caverne.

26
février
LA CAVERNE DE LA FAIM

Famine, assise près du feu, regardait les flammes bleutées en croquant une pomme. Les ombres dansaient, longues ou courtes, au gré des flammes. Famine ne s'intéressait qu'à cette curieuse danse et à sa pomme. Derrière elle, dans la paroi de pierre, se dessinait une ouverture au cœur du rocher. Là, trois prisonniers affamés : le maire et ses enfants.

27
février
À FAIRE TREMBLER LES ROCHERS

Madame Vartel hurla si fort contre l'étrange femme assise près du feu avec sa pomme que les rochers en tremblèrent ; car elle avait bien reconnu la vieille qui, trois fois en trois jours, avait frappé à sa porte…
Famine attendit que la femme ait crié tout son soûl, puis elle dit, l'air de rien :
– Je libérerai celui que tu aimes le plus !

28
février

UNE FIN HEUREUSE

La femme du maire ne pouvait
supporter cela. Elle aperçut
dans la fente du mur
son mari et les enfants.
Et son cœur s'émut enfin.
– Comment choisir, puisque j'aime
les trois ? Laisse-les partir
et je resterai à leur place !
Le ciel s'assombrit et une lumière
bleue illumina la caverne.
Le rocher se fendit en deux
et le maire, ses enfants et sa femme
se retrouvèrent libres. De la femme
assise près du feu, on ne retrouva
que le trognon de pomme.
Alors ils rentrèrent chez eux,
très heureux.

1er
mars

UN NOUVEAU JOUR

Mathias s'éveilla un peu perdu.
– Quel rêve incroyable !
Il frappa dans ses mains et le rêve s'effaça d'un coup. Alors, il ouvrit les yeux pour de bon et aperçut le petit bonhomme vert sur le rebord de la fenêtre qui regardait au dehors.
– Bonjour ! Tu as bien dormi ? demanda joyeusement Petit Trognon.
Un nouveau jour se levait.

2
mars
LES SECRETS

Dès le matin, Maman et Papa prirent un air mystérieux. Ils chuchotaient et chassèrent Mathias de la cuisine.
– Grand-mère a l'habitude de dire que « *Quand il entend des secrets, le diable pointe son nez !* » déclara Mathias.
– Le diable ? demanda Petit Trognon.
– Comment pourrait-il entrer ? le rassura Mathias, mais lui non plus ne comprenait pas vraiment.

3
mars
UN GRAND GARÇON

Grand-père et Grand-mère arrivèrent.
– Papa et Maman ont des secrets, dit Mathias à Grand-mère. J'ai peur de voir le diable arriver.
– Ne sois pas bête, s'amusa Grand-mère, tes parents te préparent juste une belle surprise !
– Pour ton anniversaire ! intervint Grand-père, qui aimait bien que tout soit clair. Tu vas avoir cinq ans.
Alors Mathias comprit qu'il allait devenir grand.

4

mars

LE LONG VOYAGE

Grand-père et Grand-mère allèrent se reposer. Depuis le matin, ils avaient pris un train, un autocar, puis un tramway, car ils habitaient loin, dans une jolie maison blanche près d'un village, avec des légumes, des poules et des lapins. Et ils s'endormirent d'un sommeil de miel, comme disait Mathias.

5

mars

PETIT TROGNON BOUDE

Le petit bonhomme vert s'approcha en catimini de Grand-père puis de Grand-mère, et les lécha prudemment. Mais ils n'avaient pas le goût du miel ! Petit Trognon se vexa. Comment cela ? Quel sommeil de miel ? Il s'assit sur un dé près du jeu de construction et se mit à bouder.

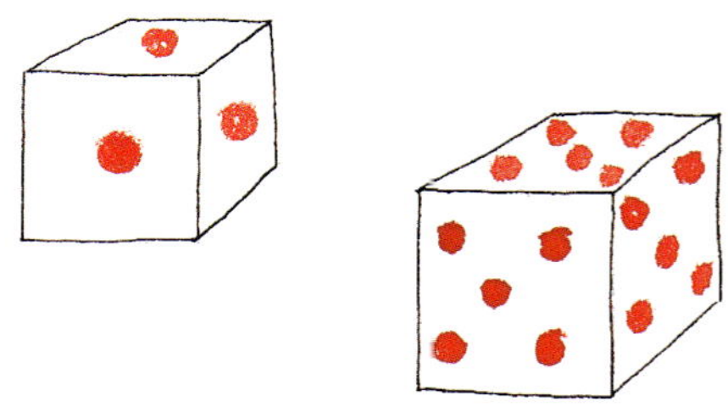

6

mars

LE SOMMEIL DE MIEL

Mathias réfléchit à un moyen de se réconcilier avec son ami. Il alla chercher le sucrier, saupoudra ses grands-parents et invita Petit Trognon à goûter de nouveau. Grand-père ronflait comme une scie à bois. Grand-mère sifflait comme une bouilloire. C'était ça, le sommeil de miel ?

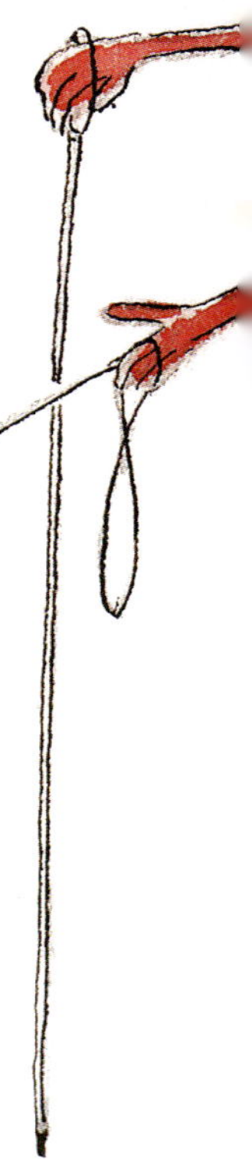

7
mars

LA MAISON BLANCHE

Mathias passait ses vacances dans la petite maison blanche de ses grands-parents de miel. Il connaissait bien la vie à la campagne. Il ne confondait pas les oies et les canards et imitait le chant du coq. Il grimpait aux arbres comme un chat et pouvait deviner l'heure en regardant le soleil. Il savait aussi que les carottes poussent dans la terre.

8
mars

POURQUOI LES CAROTTES POUSSENT DANS LA TERRE

Petit Trognon s'attrista. Si les carottes poussaient dans la terre comme l'affirmait Mathias, elles ne pouvaient rien voir du tout, comme les taupes ! Une grosse larme de pitié coula sur sa joue. Mathias expliqua que ça ne les gênait pas du tout :
– Les carottes n'ont pas d'yeux !

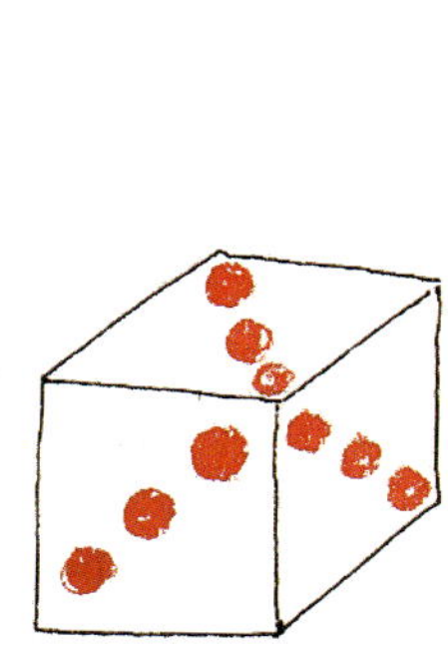

9
mars

DEDANS ET DEHORS

À la campagne, tout est différent. Les gens vivent *dehors*, travaillent et déjeunent au jardin et se promènent en forêt. En ville, les gens vivent *dedans*, enfermés dans leur maison ou leur bureau. Voilà la grande différence entre la campagne et la ville.

10
mars

POURQUOI ON VA À LA MER

Les campagnards adorent le soleil et aiment être joliment bronzés. Les citadins aussi voudraient être joliment bronzés, mais même s'ils marchaient sur la tête, ils resteraient blancs comme de la craie. C'est pourquoi ils vont l'hiver à la montagne et l'été à la mer.

11
mars

PETIT TROGNON RÉFLÉCHIT

Petit Trognon réfléchit, écarquilla les yeux, puis se mit à marcher sur la tête.
– Qu'est-ce que tu fais ? s'inquiéta Mathias.
– Moi aussi je veux être bronzé ! répondit-il, les jambes en l'air.

12
mars

PETIT TROGNON SUR LA TÊTE

Mathias riait sans pouvoir s'arrêter. Le petit bonhomme vert resta une demi-heure sur la tête, sans que rien ne se passe. Quand ça ne l'amusa plus, il se remit sur ses jambes. Non seulement il n'était pas bronzé, mais maintenant il avait une bosse sur la tête !

13
mars

L'ANNIVERSAIRE

Enfin, le grand jour arriva : l'anniversaire de Mathias ! Il était né juste cinq ans plus tôt. Vive Mathias ! Maman tenait un bouquet, Papa portait une cravate et les grands-parents ouvrirent les bras pour embrasser leur petit-fils. Petit Trognon enviait un peu Mathias, et il se mit en tête de fêter aussi son propre anniversaire. Mais personne ne s'intéressait à lui.

14

mars

LE CADEAU D'ANNIVERSAIRE

Le petit bonhomme vert était perplexe. Pourquoi cette fête ?
Pourquoi les grands-parents venus de si loin ? Pourquoi la cuisine restait-elle fermée et était pleine de bruits bizarres ? Et soudain il comprit :
« Quand il entend des secrets, le diable pointe son nez ! »
C'était le diable qui bougeait dans la cuisine !
Il avait raison. Les parents entrouvrirent la porte de la cuisine et le diable s'élança d'un bond sur Petit Trognon, qui prit sans attendre ses jambes à son cou.

15

mars

CATASTROPHE

Le diable renversa le bouquet. Le vase se brisa et l'eau dégoulina. Le diable courait toujours. Ses griffes accrochèrent le châle de soie que Maman avait pendu au miroir et il passa comme un éclair devant les yeux stupéfaits de la famille. Pour le sauver du monstre, Grand-mère saisit le châle, qui se déchira en deux. Maman s'évanouit. Grand-père voulut attraper le cadeau d'anniversaire. Il sauta, manqua le diable, mais se foula une cheville. Il tomba par terre en se tordant de douleur. Papa se demanda s'il avait vraiment choisi pour son fils le bon cadeau d'anniversaire.

16

mars

L'ADORABLE PETIT CHAT

La situation empira. L'adorable petit chat, comme Grand-mère appelait cette bête sauvage, griffa Papa jusqu'au sang, but tout le lait du réfrigérateur, sema des petites flaques sur le tapis et fit la java toute la nuit, si bien que personne ne put fermer l'œil. Le matin, les parents étaient si fatigués qu'ils n'eurent pas la force d'aller au travail. Mais ils cherchèrent, cherchèrent, et finalement retrouvèrent leurs forces perdues et partirent travailler.

17

mars

GRAND-PÈRE ATTAQUE

Grand-père décida de domestiquer ce fauve. Il se lança à la poursuite du chat dans tout l'appartement.

– Ce sera lui ou moi ! criait-il rageusement.

Il pensait qu'en pourchassant le chat inlassablement, jour et nuit, il finirait bien par le fatiguer.

18
mars

LA VICTOIRE DU CHAT

Un nouveau jour se leva. Le chat brisa un vase, déchira deux rideaux, fit exploser une bouteille de vin que Papa gardait pour Noël et traversa la porte vitrée du salon. Le chat s'en tira sans dommage. Pas la porte. Grand-père cassa quatre assiettes, trois bols, six tasses peintes, un verre à pied et un miroir. Sa cheville enflait comme une citrouille et le docteur lui conseilla de rester tranquille. Alors Grand-mère fit sans délai les valises et ramena Grand-père chez lui, dans la petite maison blanche près du village où ne vivaient que quelques poules, des lapins, un chien affectueux et une vieille chatte qui marchait encore plus lentement que Grand-père avec sa cheville blessée.

19
mars

LE DIABLE

L'adorable chaton aimait plus que tout faire courir Petit Trognon. Celui-ci craignait cette boule de poils sauvage comme la peste, comme le diable, mais personne au monde n'aurait pu le convaincre que ce n'était pas le diable. Le chat aussi avait une longue queue et les yeux jaunes ! Alors on l'appela Méphisto.

20
mars

MAMAN A DES SOUPÇONS

Le petit bonhomme vert se cachait comme il pouvait. Derrière les rideaux, dans les draps, les boîtes à chaussures, la trousse à couture ou l'étui à violon qui n'avait jamais vu de violon. Parfois, sous un tapis. Dès qu'on entendait « *miaou* », la bosse sous le tapis roulait du côté opposé. Maman s'en aperçut et pensa qu'une souris habitait avec eux. Alors, elle posa des pièges.

21
mars

LE PREMIER JOUR DU PRINTEMPS

Un jour, un miracle eut lieu. D'abord le balai et l'aspirateur s'animèrent, puis la machine à laver, les rideaux, les tapis, les poignées de porte et toutes les vitres des fenêtres. Et chacun se frotta, se lava et se brossa tant que la maison en trembla. Les toiles d'araignée disparurent, le lave-linge gronda du matin au soir, les tapis secouèrent leurs couleurs fanées et les vitres étincelèrent comme une source pure au cœur de la forêt enchantée. Maman attaquait le grand nettoyage. C'était vraiment le premier jour du printemps !

22
mars

L'ORCHESTRE DE CHAMBRE

Papa enfila une vieille chemise, grimpa à l'échelle et commença à repeindre la cuisine. Il peignait au rythme de la chanson qu'il fredonnait. La passoire l'accompagna, suivie de la râpe, des couvercles qui faisaient les cymbales, et du moulin qui grommelait *m-tata, m-tata*. Un vrai orchestre de chambre.

23
mars

L'AMOUR DU CHANT

Petit Trognon adorait chanter. Du temps
où il était encore pomme, il chantait dans
la célèbre chorale des Joyeux Pépins.
Un jour, une main cueillit la petite
pomme, la porta au marché où Maman
l'acheta pour que Mathias la croque.
Alors la gentille pomme cessa de chanter.
Elle était devenue Petit Trognon.

24
mars

ON N'EST JAMAIS TROP PRUDENT

Petit Trognon entendit l'orchestre
et perdit la tête. Il quitta sa cachette
et s'approcha prudemment de la cuisine.
Qui donc jouait si bien ?
Et qui chantait ainsi ? Petit Trognon
les aurait bien accompagnés.
À cet instant précis surgit Méphisto.
Et ce fut vraiment l'enfer.

25
mars
L'ENFER

La fournaise bouillonnait à figer le sang dans les veines. Le feu flambait et des flammes jaillissaient. Lucifer insultait les démons à longue queue qui tiraient la langue. Chacun courait dans tous les sens, la fourrure hérissée, la tête en bas comme s'ils avaient perdu la raison. Mais les diables ont-ils jamais été raisonnables ?

26
mars
LA CHASSE

Mathias regardait, émerveillé :
une casserole de soupe sur la cuisinière,
la soupe qui bondit hors de la casserole,
Petit Trognon qui s'enfuit, Méphisto
à ses trousses. Petit Trognon sur le buffet,
de là sur la fenêtre, un pot de fleurs
qui tombe… De la fenêtre à la table,
le gâteau par terre… De la table à la chaise,
Petit Trognon détale,
Méphisto sur les talons.
Toute la cuisine sens dessus dessous.
Petit Trognon disparaît dans le couloir.

27
mars

PAPA EN L'AIR

Méphisto prit son élan, sauta sur l'échelle,
revint au sol, et poursuivit Petit Trognon.
L'échelle grinça affreusement.
– À l'aide ! cria Papa.
L'échelle bascula et Papa se retrouva
dans les airs. Incroyable ! Comme un oiseau.
Il lui suffisait d'ouvrir les ailes
et de voler…

28
mars

PAPA PAR TERRE

Papa n'est pas un oiseau.
Il ne sait pas voler.
Papa écarta les bras et retomba
durement sur le sol. *Boum !*

☞ *MORALITÉ*

Les gens ne peuvent pas voler.

☞ *AUTRE MORALITÉ*

Avant de monter à l'échelle,
il vaut mieux enfermer le chat.

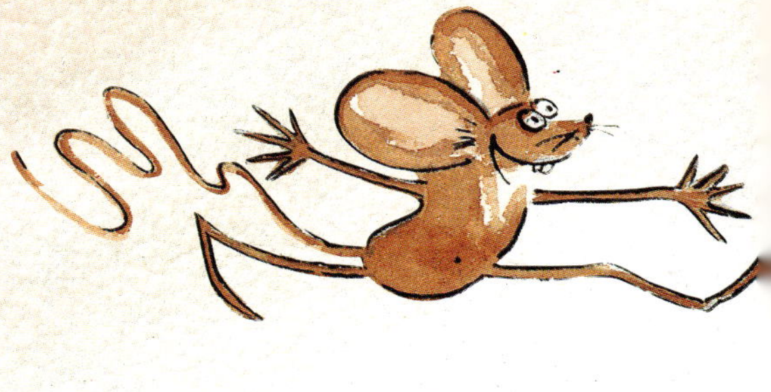

29

mars

PAPA PRIS AU PIÈGE

Papa, l'air furieux comme Lucifer en personne, se mit à jurer, gronder et menacer. Ses os craquaient et le monde tourbillonnait autour de lui. Quand il fut enfin sur ses jambes, il fit un pas… et marcha sur le piège à souris. *Aaah !* Papa hurla et retomba sur le sol.

Vive Maman !

Elle tenait enfin sa souris !

30

mars

PAPA À L'HÔPITAL

Rien d'autre à faire que d'emmener Papa à l'hôpital. Dans un grand bâtiment blanc et froid, Papa gémit et se lamenta de peur qu'on lui fasse une piqûre, exactement comme un enfant. Le docteur en blanc le regardait sans y croire et demanda à Maman quel âge il avait.

Elle répondit « quarante ans » et ajouta pour Papa :

– Si ce chat ne quitte pas la maison, c'est moi qui pars !

Le docteur en blanc emmaillota Papa dans des bandelettes blanches et Maman, rouge de colère, ramena Papa, encore un peu blanc, à la maison.

31

mars

LE CHEF DE FAMILLE

Papa était le chef de famille. Ce fut donc lui qui décida qui devait rester : Maman, mais pas le chat. Il ne demanda même pas à Mathias. Petit Trognon, lui, était fou de joie ! Le lendemain, Papa monta en voiture et conduisit le chat chez des amis à la campagne. Et voilà pour lui.

1er
avril

LES CHOUX À LA CRÈME

Un jour, Maman appela Mathias, lui mit un panier dans une main, de l'argent dans l'autre, et dit :
– Si tu veux des choux à la crème pour le dîner, tu ferais mieux d'aller acheter de la farine.
Mathias, qui voulait des choux à la crème, obéit.
Et même s'il n'en avait pas voulu, ça n'aurait rien changé, parce qu'on ne répond pas non à sa maman, et qu'on a jamais trop de farine.

2
avril

PETIT TROGNON DANS LE SAC

Mathias enfila un pull, un blouson et un bonnet parce qu'en avril le vent est encore mauvais et il ouvrit la porte.
– Et moi ? protesta Petit Trognon, auquel Mathias ne pouvait jamais échapper. J'en veux aussi, des choux à la crème !
Mathias regarda les petites pattes maigres du petit bonhomme vert et, sans dire un mot, posa le sac à terre. *Hop !* Petit Trognon sauta dedans.

3
avril

PETIT TROGNON EST UN PEU GRAND

Pour aller à l'épicerie, on traverse un carrefour et on tourne deux fois. En face arrivait une jeune femme avec un enfant dans sa poussette.
– Moi aussi je veux une poussette ! cria Petit Trognon.
Le bébé prit peur et se mit à pleurer.
– Tu es encore petit, mais tu sais déjà marcher. Les poussettes, c'est pour les enfants qui ne savent pas tenir debout, expliqua Mathias, toi tu es déjà un peu grand.
Petit Trognon voulait pleurer comme le bébé, mais il réfléchit. Pour ça aussi il était un peu trop grand.

4
avril

PETIT TROGNON ET SA POUSSETTE

À l'épicerie, Mathias posa le petit bonhomme vert dans un caddie et *hop !* en route !

– Si un voisin passe, tu te caches, conseilla Mathias.

Le sucre, le sel et la semoule à droite. L'huile, le vinaigre et la moutarde à gauche. Devant les bouteilles d'eau, de limonade, derrière le riz, les lentilles et les pâtes. Au fond, on entendait rire les tomates et les oignons, et les poireaux ronfler. Visiblement, personne n'en voulait.

– Réveillez-vous, chers amis ! appela Petit Trognon, sans résultat.

Ils ronflèrent même encore plus fort !

Le poireau

5

avril

RÉVEIL EN FANFARE

Mathias cherchait la farine quand Petit Trognon sauta du caddie, courut au rayon des légumes et mordit la jambe verte d'un poireau. Avant qu'il n'émerge de son sommeil, Petit Trognon était retourné dans son caddie. Le poireau hurla, mais le petit bonhomme vert fit semblant de rien.

6

avril

PANIQUE À L'ÉTALAGE

Le poireau regarda sur sa droite. Les tomates assises à ses côtés lustraient leur manteau rouge. À gauche, les gros oignons crissaient. Ils semblaient innocents. Alors le poireau aperçut le chou-fleur, non loin, qui gloussait en cachette. C'était lui ! Il attaqua sans attendre. Le poireau furieux arrachait les feuilles du chou-fleur qui n'y comprenait rien et se défendait en vain. Les feuilles volaient de tous côtés.

7

avril

ET APRÈS ?

L'ail cessa de grogner et prit le parti de l'agressé. Les tomates interrompirent leur toilette et se rangèrent aux côtés de l'assaillant. Les oignons, silencieux, observaient la bataille. Le vent de la victoire tournait sans cesse !

8
avril

LA GRANDE BATAILLE DES LÉGUMES

Les artichauts accoururent en criant qu'ils n'avaient jamais rien vu de semblable.
La plus grande carotte hurla pour rameuter ses troupes.
Et ses compagnes se rangèrent par ordre de taille. Le chef ordonna l'attaque.
Les soldats orange se lancèrent bravement en avant, et à leur suite le céleri,
le persil, les navets, les choux verts, blancs et rouges, la ciboulette…
Les gens épouvantés s'enfuyaient. Les pommes de terre allaient intervenir
quand l'épicier apparut enfin et mit un terme à la bataille.

9
avril

ON NE RONFLE PAS À L'ÉTALAGE

Quand Mathias revint, tout était fini.
Il posa un paquet de farine près
du petit bonhomme vert et demanda :
– Tu sais d'où vient toute cette pagaille ?
Petit Trognon haussa les épaules,
et remarqua comme pour lui-même :
– On ne ronfle pas à l'étalage !
Mathias ne comprit pas vraiment,
mais il pensa qu'il valait mieux ne rien
demander et passer à la caisse.

10
avril

PETIT TROGNON EN DANGER

– Un moment ! cria le gérant en désignant Petit Trognon dans le caddie. Il se campa sur ses jambes, menaçant :
– D'abord un poireau attaque un chou-fleur, puis tous les légumes s'en mêlent, et maintenant ça ! tonna-t-il.
Mathias comprit vite. Il souleva Petit Trognon entre le pouce et l'index.
– Tu vas payer la pomme que tu as mangée, petit gredin !

11
avril

50 CENTIMES

L'épicier ne plaisantait pas. Mieux valait payer sans faire d'histoire. 80 centimes pour la farine et 50 pour la pomme.

12
avril

PETIT TROGNON À LA POUBELLE

L'épicier jeta le trognon à la poubelle, lança un dernier regard à Mathias et partit ranger le rayon des légumes. Heureusement ! Sinon comment Mathias aurait-il sauvé son ami ? Une fois les éboueurs passés, c'en était fini de Petit Trognon !

13
avril

UNE DAME TOURNE LA TÊTE

Mathias se pencha vers la poubelle et chuchota :
– Tu me dois 50 centimes.
Il se doutait bien que le petit bonhomme vert avait trempé dans cette bagarre. Une dame qui passait tourna la tête. Avec qui ce garçon parlait-il ?
– C'est pas moi ! pleurnicha Petit Trognon dans la poubelle,
mais il savait bien que Mathias ne le croyait pas.
La femme s'enfuit, épouvantée.

14
avril

LA DETTE

Si Mathias voulait des choux à la crème, il fallait se hâter. Mais comment expliquer à Maman que la farine coûtait 50 centimes de plus que d'habitude ?
– Comment faire ? demanda-t-il à Petit Trognon.
– Je ne sais pas. Tu n'as pas une idée ?
– Aucune, répondit Mathias, et il rentra chez lui.

15
avril

UN CONTE DE FÉES

Mathias marchait en rêvant qu'il trouvait un trésor. Une bourse pleine d'or et de pierres précieuses, comme dans les contes de fées. Mais il savait fort bien qu'on ne trouve de trésor *que* dans les contes. C'est sûr, ça ?

16
avril

UN TRÉSOR SUR LE TROTTOIR

On dit que si l'on songe sans cesse à ce que l'on désire, alors son souhait se réalisera. Tandis que Mathias marchait en rêvant au trésor, Petit Trognon sortit d'un coup la tête du sac et lui cria de regarder par terre. Sur le trottoir, une petite chose ronde et brillante tomba par terre en sonnant et s'immobilisa. Le monsieur qui l'avait perdue ne se retourna même pas.

17
avril

CAS DE CONSCIENCE

Mathias se pencha pour ramasser la belle pièce de 50 centimes, presque neuve, qui étincelait. Le rêve devenait réalité. Mathias était sauvé ! Puis il eut honte en regardant l'homme qui l'avait perdue. Peut-être en avait-il encore plus besoin que Mathias ? La conscience est une chose délicate, il vaut mieux ne pas jouer avec. Certains le savent ; certains ne le savent pas, mais le pressentent, comme s'ils avaient un sixième sens… Ils pressentent que la mauvaise conscience s'acharne sur le fautif et le ronge jusqu'aux os. Et c'est très désagréable. Mathias faisait partie de ces personnes.

18

avril

L'HOMME STUPÉFAIT

Mathias courut après l'homme qui tournait déjà au coin de la rue.
– Vous avez perdu quelque chose ! appela-t-il, la pièce à la main.
L'homme se retourna. Mathias le rejoignit et ajouta :
– Elle est tombée de votre poche.
L'homme leva les sourcils, fouilla sa poche et la trouva vide.

19
avril

LA CHANCE

Mathias rendit sa pièce à l'homme stupéfait. 50 centimes perdus… puis retrouvés ! Une pièce posée sur une paume, brillant dans le soleil et feignant de se taire. Seul Petit Trognon l'entendait rire silencieusement, heureuse de sa propre chance, de ne pas être restée sur le trottoir à attendre que quelqu'un la piétine.

20
avril

LA RÉCOMPENSE

L'homme stupéfait prit Mathias par la main et l'emmena à la pâtisserie la plus proche. Pour le récompenser, il lui offrit du chocolat au lait et aux noisettes, comme s'il avait su que c'était celui que Mathias préférait. Et, en plus, il lui donna la pièce de 50 centimes perdue, puis retrouvée. Enfin, il le remercia gentiment et disparut.

21
avril

ENFIN LES CHOUX À LA CRÈME

Un jour, Maman appela Mathias, lui mit un sac à provisions dans une main, de l'argent dans l'autre, et dit :
– Si tu veux des choux à la crème pour le dîner, tu ferais mieux d'aller acheter de la farine.
Mathias, qui voulait des choux à la crème, obéit à Maman, qui fit des choux à la crème. Et Mathias se régala comme jamais !

22
avril
SOUS L'ÉDREDON

Parfois, il arrive qu'on soit attaqué par un microbe, ou même tout un troupeau de microbes. Il suffit de prendre froid. Alors, on se met au lit comme un malade. Il faut combattre ces microbes, et on les combat bien mieux dans son lit. Car les microbes n'aiment pas la chaleur et le calme. Et où trouver la chaleur et le calme, si ce n'est sous l'édredon ?

23
avril
MATHIAS EST MALADE

Mathias, couché dans son lit, combattait courageusement les microbes. Pour l'instant, ses forces suffisaient à peu près à contenir les microbes, mais il ne s'attendait pas à l'attaque suivante, celle de la fièvre rusée. Elle s'approcha du lit en catimini, sans qu'on l'ait invitée, sans même frapper à la porte… ce qui ne se fait pas.

24
avril
LA FIÈVRE

Mathias dormait quand la fièvre s'approcha. Beaucoup de sommeil, mais aussi du thé au citron brûlant et des vitamines : les microbes n'aimaient pas du tout le traitement. La fièvre s'installa sur l'oreiller comme si de rien n'était et commença à s'ennuyer. C'était une fièvre très malpolie.

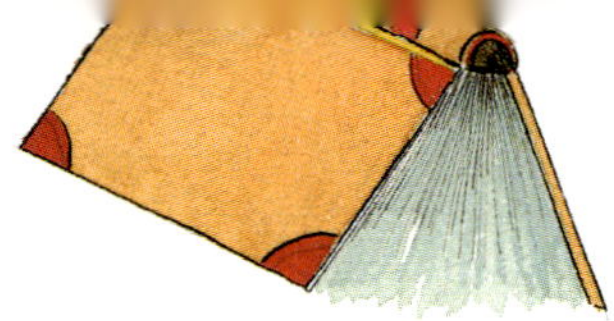

25
avril

DEUXIÈME JOUR

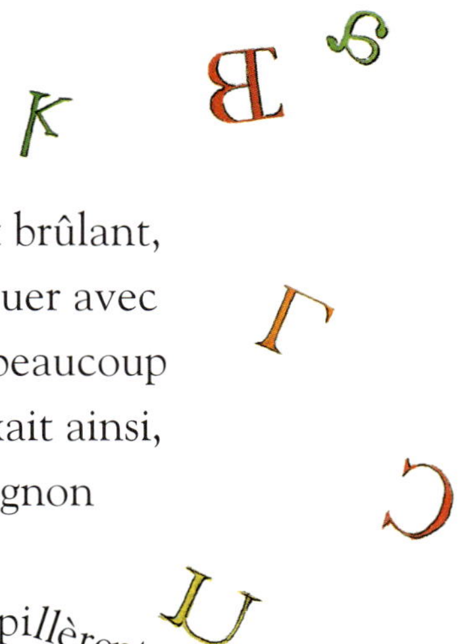

Le deuxième jour, Mathias se sentit brûlant. Et quand on se sent brûlant, on est de très mauvaise humeur. Petit Trognon ne pouvait pas jouer avec lui ; alors il examina la fièvre assise sur l'oreiller. Elle s'était déjà beaucoup ennuyée. Quand elle s'aperçut que le petit bonhomme vert la fixait ainsi, elle lui tira la langue. Ça non plus, ça ne se fait pas. Petit Trognon empoigna un chausson et le jeta sur la fièvre. Celle-ci s'écarta et le chausson fit tomber trois livres dont toutes les lettres s'éparpillèrent sur le tapis. Petit Trognon fut sévèrement grondé.

26
avril

TROISIÈME JOUR

Le troisième jour, Mathias se sentit encore plus brûlant que les deux premiers réunis. Petit Trognon pensa que c'était peut-être la faute de cette étrange créature qui s'ennuyait sur l'oreiller. Il ouvrit la fenêtre pour la faire sortir, mais rien ! Elle s'accrochait comme une tique, et Petit Trognon fut une nouvelle fois grondé.

Les microbes

27
avril

QUATRIÈME JOUR

Petit Trognon décida de tendre un piège à la fièvre. Il suspendit dans la chambre des papiers tue-mouche et attendit qu'elle se fasse prendre. Maman entra dans la chambre. Elle se colla aux papiers sans rien y comprendre. Puis Papa fut pris aussi, avec la gentille voisine du deuxième étage. Elle apportait du chocolat au lait et aux noisettes pour le malade et fut très fâchée d'être traitée comme une vulgaire mouche.

28
avril

CINQUIÈME JOUR

Le cinquième jour, Petit Trognon entreprit de brûler la fièvre, comme chez les Indiens. Il fit un petit feu sur le tapis. Quelle bonne idée ! Mathias commença à étouffer, puis le petit bonhomme vert se mit à tousser, et enfin l'ours Pierrot faillit suffoquer. Seule la fièvre s'ennuyait ferme, mais semblait ne rien sentir du tout.

Pierrot, qui avait encore tous ses esprits, éteignit le feu.

29
avril

SIXIÈME JOUR

Petit Trognon vit qu'il devait s'y prendre autrement. Et comme la fièvre était une fille, il alluma la radio. Musique !

– Vous dansez ?

Alors il prit la fièvre dans ses bras et entama une valse en comptant un-deux-trois, un pas-deux-trois, la porte-deux-trois, le couloir-deux-trois, dehors-deux-trois…

Et il ferma vite la porte.

30
avril

SEPTIÈME JOUR

Le septième jour, après une semaine de maladie, arrive l'instant où l'on commence à guérir. La fièvre campait devant la maison et s'ennuyait encore plus. Les microbes étaient épuisés après sept jours de lutte contre les vitamines. La maladie ne s'amusait plus beaucoup et décida d'aller visiter la maison voisine. Elle prit congé, enfila son bonnet et sortit. Et comme c'était une maladie sociable et qu'elle n'aimait pas marcher seule, elle emmena avec elle tous les microbes, et même la fièvre qui attendait dehors.

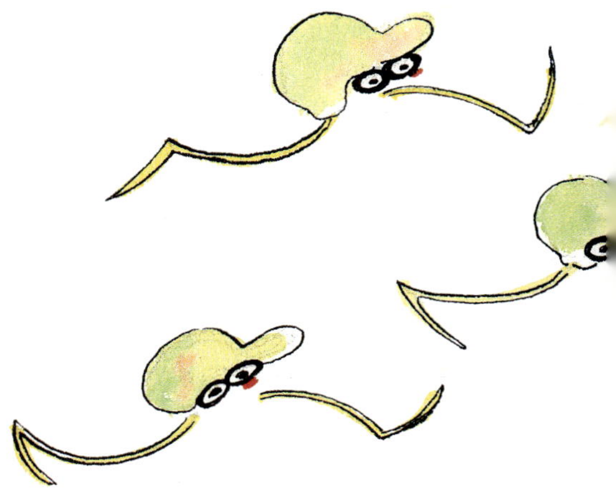

1er
mai

QUINZE BONBONS

Un jour, Mathias eut un cadeau. Quinze magnifiques bonbons ronds comme des perles, transparents comme le verre, colorés comme une palette de peintre et aussi mystérieux que les pays lointains d'où ils venaient.
Mathias hésita d'abord à les manger, mais *cric*, *croc*, et puis plus rien.
Il n'en resta que le sachet de papier, exotique et merveilleux.

2
mai

LE SAC EN PAPIER

Ce sac était aussi bleu qu'un ciel d'été. Mathias y tenait comme à la prunelle de ses yeux et le laissait vivre sa vie tranquille de sac en papier dans sa chambre, parmi les cubes, l'ours Pierrot et les autres jouets. Parfois, Mathias le touchait prudemment et entendait *cric*, *crac*, *croc*, parfois aussi *zwiiip*. Rien de plus, jusqu'à l'arrivée de Petit Trognon.

3
mai

LA TERRE TREMBLE POUR LA PREMIÈRE FOIS

Petit Trognon, assis à la fenêtre, comptait les oiseaux dans le ciel. C'était un agréable passe-temps. L'ours Pierrot grogna doucement et Mathias, comme il le faisait parfois, se souvint des bonbons exotiques. Il prit le sachet et le froissa. *Cric, crac, croc, zwiiip !* Le petit bonhomme vert écarquilla les yeux, sursauta et se cogna la tête. Le choc fit un petit trou au plafond.

– Tremblement de terre ! cria-t-il en retombant au sol, et il se frotta la tête.

4

mai

UNE NOUVELLE MAISON

Dès que sa bosse sur la tête ne le fit plus souffrir,
Petit Trognon emménagea sans hésiter dans le sac.
Une maison de papier mystérieuse, exotique,
craquante, grondante, parfumée, sucrée,
bruissante, qui lui allait comme un gant.
Dès cet instant, il fut évident
que le sachet était à lui.

5

mai

LES PREMIERS PAS

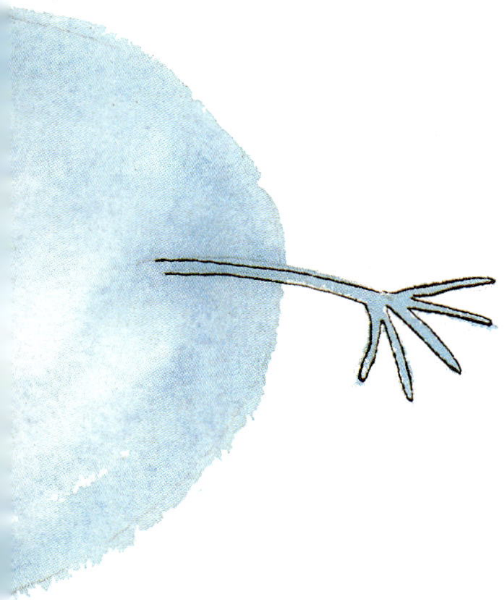

Petit Trognon souffla, on entendit *cric*,
et les rideaux se mirent à danser.
Mathias leva la tête et alla vérifier
que la fenêtre était bien fermée.
Le petit bonhomme vert fit un pas, on entendit
crac, et l'ours Pierrot ouvrit les yeux
et se réfugia vite à l'abri sous le lit.
Petit Trognon sursauta, on entendit *cric*, *crac*,
croc, *zwiiip !* et les cubes du jeu de construction
se mirent à brailler, piailler et glapir avant
de s'effondrer comme s'ils étaient blessés.
Quelle histoire !

6
mai

LA TERRE TREMBLE POUR LA DEUXIÈME FOIS

Petit Trognon, caché dans son sac en papier, quitta la chambre et se glissa dans le salon. Papa, comme chaque soir, suivait les informations à la télévision. Le petit bonhomme vert se mit à sauter comme un enragé. *Cric, crac, croc, zwiiip !* Papa fronça les sourcils et tapa fermement du poing contre la télé. Petit Trognon trépigna une nouvelle fois et Papa frappa le poste de toutes ses forces. Le lendemain, il dut le mettre à réparer.

7
mai

LA MER

Maman se faisait souvent couler un bain brûlant qu'elle saupoudrait de sels turquoise. Les cristaux de sels coloraient le bain comme si c'était vraiment la mer, et Maman y plongeait jusqu'au cou, fermait les yeux et rêvait qu'elle nageait entre les récifs qui entourent les pittoresques îles grecques…

Tout fou, il se mit à sauter…

8

mai

LA TERRE TREMBLE POUR LA TROISIÈME FOIS

Petit Trognon s'installa dans la salle de bains, derrière le lave-linge. Maman rêvait dans son bain d'eau de mer comme chaque soir… *Cric, crac, croc, zwiiip !* Un vrai tremblement de terre ! Prise de peur, Maman bascula, les jambes en l'air, la tête sous l'eau salée. *Zwiiip, zwiiip,* les rochers craquèrent, le récif gémit, des cristaux de sels dégringolèrent en avalanche vers Maman. L'eau se répandit, Maman battit des mains au hasard et rebut la tasse… Enfin Papa arriva et vida la baignoire.

9

mai

L'ÉTRANGE PASSE-TEMPS DE MADAME GRIBICHE

Petit Trognon prenait de plus en plus de risques. Il avait depuis longtemps remarqué le passe-temps bizarre de la dame d'à-côté, madame Gribiche. Dès que le soleil pointait son nez, elle étendait du linge sur le balcon. Mais dès que le soleil se cachait ou que le tonnerre grondait, elle accourait et rentrait le linge. Le soleil brille, madame Gribiche ressort son linge. Le tonnerre gronde au loin, madame Gribiche s'élance sur le balcon et, en un clin d'œil, le linge disparaît. Et ainsi de suite… Petit Trognon s'en étonnait.

10
mai

LA GRANDE LESSIVE

Un jour, madame Gribiche fit une grande lessive. Serviettes, torchons, draps… elle étendit tout sur le balcon et rentra dans sa cuisine faire du café pour se reposer de cet effort. Les yeux mi-clos, les serviettes pendues au fil jouaient dans les rayons du soleil, les torchons déplissaient leurs robes humides en se chamaillant, et les draps s'endormaient.

11
mai

LE PLUS GRAND ORAGE DU MONDE

La grande lessive de madame Gribiche se balançait tranquillement quand… *cric, crac, croc, zwiiip !* Madame Gribiche oublia immédiatement son café, se précipita sur le balcon et rentra son linge. Puis elle observa le ciel pur et sans un seul nuage, soupira et étendit à nouveau la lessive.
Petit Trognon se mit à sauter et à gigoter. Madame Gribiche prit peur et décrocha le linge. Petit Trognon se tut, madame Gribiche leva la tête et remit le linge à sécher. Petit Trognon gronda et trépigna… et madame Gribiche aperçut le sac en papier bleu sur le balcon d'à côté.

12
mai

TROP, C'EST TROP

Madame Gribiche était une femme énergique. On ne se moquerait pas d'elle plus longtemps ! Sans hésiter, elle étendit de nouveau le linge sur le balcon, une bonne fois pour toutes. Les serviettes soupirèrent, se tournèrent vers le soleil et refermèrent les yeux. Les torchons se défripèrent et les draps se rendormirent.
– Trop, c'est trop ! affirma madame Gribiche.
Elle jeta un coup d'œil à la ratatouille qui mijotait dans son immense marmite et quitta énergiquement son appartement.

13
mai

LA VOISINE

Mathias dessinait et Pierrot bayait aux corneilles lorsqu'ils entendirent sonner à la porte. *Dring* ! Ce n'était pas un coup de sonnette normal, loin de là ! Les verres tintèrent dans le buffet, les vitres tremblèrent, la porte céda et la voisine furieuse courut droit sur le balcon. Mathias l'observait, stupéfait, et soudain il reconnut la sorcière d'un conte, *La chaumière pied de poule*, qui criait sur le balcon. Avant qu'il n'ait eu le temps de se ressaisir, la sorcière s'empara du sac en papier et sortit.

14
mai

LA CHAUMIÈRE PIED DE POULE

Les gens habitent des maisons plus ou moins grandes, peintes en gris, blanc ou jaune, avec des portes et des fenêtres. Devant certaines maisons, on trouve un jardin, devant d'autres un banc ou une haie. Depuis la nuit des temps, les sorcières habitent des chaumières qui se balancent en grinçant sur de hauts pieds de poule, n'ont aucune porte… et ont l'air très louche. Quand on aperçoit une cabane de ce genre, mieux vaut prendre ses jambes à son cou.

15
mai

LE PERROQUET NOIR

Dans la forêt Noire se trouvait une chaumière pied de poule. Une vieille femme horrible et cruelle y habitait. Elle préparait des potions et jetait des sorts aux princesses dont elle enviait la beauté et la jeunesse et elle ressemblait beaucoup à madame Gribiche. Le seul être qu'elle aimait un peu était un perroquet noir au bec crochu qui du matin au soir caquetait à vous casser les oreilles.

16
mai

L'INCANTATION

Sortilèges et piège à rat,
Sombres plumes et grand effroi,
Belle princesse ensorcelée,
En sardine, tu te changeras !

Sortilèges et noir chapeau,
Sombres plumes, affreux corbeau,
Belle princesse ensorcelée,
En crapaud, tu te changeras !

17
mai

DANS LA SOURICIÈRE

Le perroquet noir répétait son incantation du matin au soir, sans jamais réussir à ensorceler personne, encore moins à changer une princesse en sardine ou en crapaud. La sorcière ricanait et mélangeait son chaudron. Changer des princesses en grenouilles, elle le faisait sans réfléchir. Mais que faire de ce sac en papier bleu ?

18
mai

LE SORTILÈGE

Sortilèges et farfadets,
Pieds de poule, noire forêt,
Je t'ensorcelle, petit sac bleu,
Et tu seras chien enragé !

Sortilèges et noirs tourments,
Pieds de poule, dents de serpent,
Je t'ensorcelle, petit sac bleu,
Tu deviendras chêne géant !

19
mai

LA RACINE MAGIQUE

La sorcière jeta son sort encore et encore, sans résultat. Le sac bruissait et crissait tant que le perroquet se tut. Personne ne se doutait que Mathias traversait la forêt Noire, bien décidé à sauver Petit Trognon. Dans son esprit, trottaient mille idées sans queue ni tête. Il ne prenait pas garde au chemin et trébucha soudain contre une racine ensorcelée : d'un coup, il fut devant la chaumière.

20
mai

ET APRÈS ?

C'était la première fois que Mathias voyait une chaumière sur pied de poule ; il n'avait jamais sauvé personne, et manquait d'expérience. Et il oublia ce que fait le héros du conte dans ce genre de situation.

– Rends-moi la princesse ! cria-t-il avec vigueur.

Princesse ou Petit Trognon, Mathias était content de rester debout sans trembler de peur et sans quitter la forêt à toutes jambes.

21
mai

LA PEUR

La sorcière ricana et mélangea
son chaudron pour la première fois.
Elle savait que si Mathias trouvait
le courage de pénétrer
dans la chaumière, elle perdrait
tous ses pouvoirs et le sac bleu.
Mais elle sentait fort bien
que Mathias avait peur.
C'était encore un petit garçon.

22
mai

L'AVERTISSEMENT

Mathias se décida finalement. Il allait
attaquer quand retentit à l'intérieur
l'effroyable voix du perroquet noir :

Seul dans la noire forêt,
Sortilège et verre brisé,
Le temps de dire taratata,
En mille-pattes tu te changeras !

La sorcière ricana et mélangea
son chaudron pour la deuxième fois.

23
mai
LE MILLE-PATTES

Mathias souhaitait souvent être un oiseau pour pouvoir voler.
Il rêvait aussi d'être Papa, parce que Papa sait toujours tout. Et aussi cosmonaute, explorateur, gérant de l'épicerie, conducteur de tramway et ramoneur.
La seule chose qu'il ne voulait assurément pas devenir, c'était mille-pattes.
Mathias avait deux pieds, donc deux chaussures. Et devoir nouer tous les jours deux lacets lui suffisait amplement ! L'idée de devoir nouer mille lacets lui ôta tout son courage.

24

mai

LA FIN DU SAC EN PAPIER

Mais Mathias se ressaisit. S'il tardait plus longtemps, ses parents s'inquiéteraient. Il entreprit l'escalade du pied de poule. La sorcière, qui savait qu'il ne pourrait entrer sans le mot de passe, ricana diaboliquement et mélangea son chaudron pour la troisième fois. Alors Petit Trognon perdit patience. Il sortit du sac, le gonfla en soufflant et sauta dessus de toutes ses forces.

25
mai

COMME UN COUP DE CANON

CRAC !
Un coup de canon retentit, la sorcière s'évanouit et tomba comme une masse. Les sapins frémirent et toutes leurs aiguilles tombèrent. Le perroquet hulula, la porte s'ouvrit et le petit bonhomme vert sauta vers le sol, droit dans les bras de Mathias. Heureusement, sinon il se serait cassé les deux jambes.

26
mai

LE GRAND EMBARRAS

Mathias se tenait sur le balcon ne sachant que faire. Petit Trognon se dégagea du sac en papier bleu, déchiré de part en part avec un énorme œil au beurre noir. Madame Gribiche était étendue de tout son long et ne remuait plus du tout. Et pour couronner le tout, le tonnerre se fit entendre.

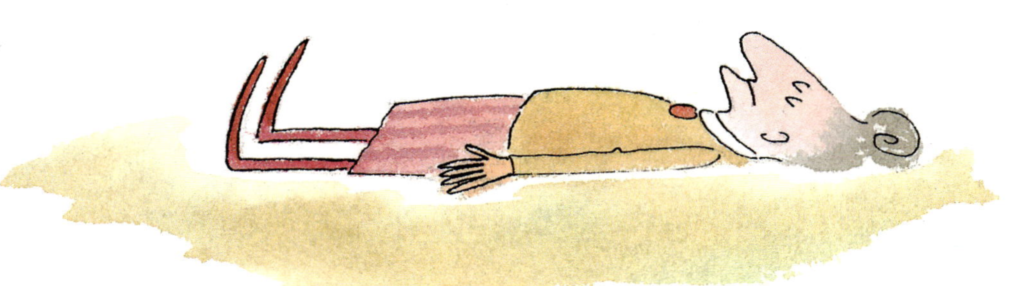

27
mai

QUI EST QUI ?

Où était la réalité, où commençait le conte ? La femme étendue sur le balcon était-elle une sorcière ou la voisine ?
– Toi aussi tu vois un perroquet noir sur la rambarde, non ? demanda Mathias quand Maman arriva.
Maman crut qu'il délirait et alla chercher le thermomètre.

28
mai

PAPA VA DE SURPRISE EN SURPRISE

– Que fait madame Gribiche sur le balcon ? demanda alors Papa.
À cet instant, la voisine reprit conscience et entendit gronder l'orage.
– Mon linge ! s'écria-t-elle en se levant d'un bond.
– Pardon ? demanda Papa.
– Il est grand temps de remuer la ratatouille !
annonça madame Gribiche en sortant.

29
mai

LA DOUCE FOLIE

Depuis ce jour, Papa évita madame Gribiche. Quand elle prenait l'escalier, il descendait par l'ascenseur, et quand elle attendait l'ascenseur, il choisissait l'escalier. Il pensait qu'elle n'avait plus toute sa tête. Maman emmena Mathias au parc ornithologique pour qu'il sache distinguer un perroquet d'un pigeon, et il apprit que les perroquets peuvent être blancs, verts, jaunes ou multicolores, mais jamais noirs.

30
mai

OÙ LE VENT L'EMPORTE

L'étrange sac en papier bleu des bonbons exotiques était coupé en deux. Abandonné sur le balcon, il crissait doucement. Petit Trognon ne voulait plus s'en approcher. Mathias étudiait les dessins en couleur sur l'atlas des oiseaux. Papa regardait les informations, car la télévision était réparée. Maman, les yeux fermés dans son bain salé et turquoise, rêvait aux récifs grecs.

Le soir, le vent se leva et emporta le petit sac bleu on ne sait où.

31
mai

TOUT EST BIEN QUI FINIT BIEN

Mathias fut heureux que tout finisse bien. Sa maison reposait solidement sur le sol, on ne voyait nulle trace de pied de poule. Madame Gribiche partit chez sa sœur à la campagne pour se changer les idées. Le petit bonhomme vert avait eu assez d'aventures et tout redevint tranquille à la maison.

1er
juin

LE DÉBUT DE L'ÉTÉ

Juin frappait à la porte avec ses soirées tièdes et ses couleurs d'avant l'été. Avec les premières cerises s'approchaient les vacances. Les bonnets dormaient déjà et les jardins débordaient de fleurs. Les pommiers quittaient leur robe blanche et de petites pommes dures comme des noix prenaient vie.

– Juin est un mois merveilleux ! disait Petit Trognon.

2
juin

UNE HISTOIRE POUR DORMIR

Chaque soir, Maman racontait à Mathias une histoire pour la nuit. *Le Petit Chaperon rouge*, *Les Fées*, *Les Musiciens de Brême*, *Le Prince Grenouille*… Au mois de juin aussi. Les mamans racontent des histoires à leurs enfants tout au long de l'année.

3
juin

PETIT TROGNON SE SOUVIENT

Mais un soir, Mathias ne parvint pas à s'endormir. Il se tourna vers l'endroit où était caché le petit bonhomme vert.

– Quand tu étais petit, ta maman te racontait aussi des histoires ? chuchota-t-il.

– Évidemment ! s'écria Petit Trognon.

– Celle du petit bonhomme pain d'épice ?

– C'est une histoire pour les humains. Ma préférée, c'est l'histoire de monsieur Reinette…

Et Petit Trognon raconta.

4
juin

IL ÉTAIT UNE FOIS…

Il était une fois un grand champ de pommiers. Le propriétaire s'appelait Joseph Reinette. Il possédait cent pommiers et travaillait au verger du matin au soir pour nourrir sa femme et leurs trois enfants. Il connaissait bien son métier et à chaque récolte ses arbres portaient toujours plus de fruits. Il acheta un magasin en ville et bientôt les gens vinrent de loin pour goûter ses délicieuses pommes.

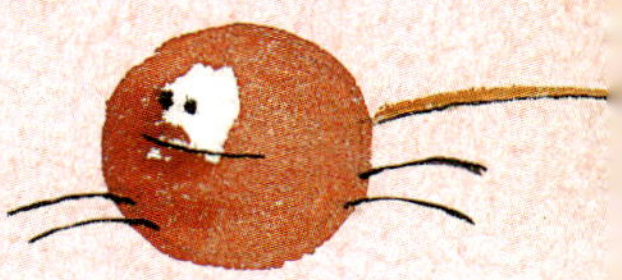

5
juin

LA BELLE VIE

Souvent, quand on a la chance de réussir dans la vie, on considère bientôt son bonheur comme acquis. Monsieur Reinette changea ses habitudes, travailla moins dans son verger et passa chaque soir à l'auberge.

– Tu ferais mieux d'aller fendre du bois ! lui disait sa femme.

Mais monsieur Reinette faisait comme s'il n'entendait pas.

6
juin
LES POMMIERS

Plus monsieur Reinette était à l'auberge et moins il allait au verger.
Au début, les arbres soupirèrent, puis pleurèrent et enfin supplièrent :
– À l'aide, au secours !
Les feuilles, les branches se dressaient en gémissant
devant le paysan qui s'en moquait bien.
Bientôt, les arbres commencèrent à dépérir.

7
juin
L'OMBRE

Un jour, à l'auberge, un inconnu s'assit près de monsieur Reinette. Sa tête était comme une pomme mûre, mais son visage restait noyé dans l'ombre. Le fermier vanta son beau verger et ses pommes, les meilleures de la région. Les voisins s'éclipsèrent l'un après l'autre, mais monsieur Reinette parlait toujours. Seule l'ombre mystérieuse l'écoutait avec attention.

8
juin

L'AVERTISSEMENT

Le lendemain, l'inconnu revint à l'auberge. Les voisins partis, monsieur Reinette poursuivit ses vantardises.

– Que ferais-tu si le destin plaçait un obstacle sur ta route ? demanda l'ombre.

Monsieur Reinette haussa les épaules. L'étranger paya, se leva et sortit. Et l'orgueilleux paysan le suivit.

9
juin

TROIS SACS DE POMMES

Monsieur Reinette coula encore quelques jours d'oisiveté. Mais la semaine suivante, un client inconnu se présenta à la porte. Il salua silencieusement, choisit trois sacs de pommes de la dernière récolte, les paya comme un prince et repartit sans un mot. Seuls les grelots du harnais tintèrent quand son cheval reprit la route.

10
juin

TRISTE FOYER

Le fermier gaspillait de plus en plus son temps. Que sa femme supplie, pleure ou hurle, il n'entendait rien. Lentement, la famille perdait le sourire et la joie de vivre.

11

juin

L'ABANDON

Les arbres redevinrent sauvages
et donnèrent de minuscules pommes
acides dont personne ne voulut.
La boutique restait vide et monsieur
Reinette s'assombrissait. Au lieu
de se remettre au travail, il regardait
le plafond. Quand la grande chaleur
arriva, les arbres se desséchèrent.
Monsieur Reinette comprit qu'il y avait
un sérieux problème, prit quelques
affaires et partit.

12
juin

L'EAU ET LA SÉCHERESSE

En chemin, il rencontra deux étranges créatures. L'une s'appelait l'Eau et l'autre la Sécheresse. L'Eau lui proposa de le raccompagner chez lui. Par cette canicule, aucun père de famille n'aurait dû quitter sa maison ! Quand la Sécheresse s'aperçut que monsieur Reinette hésitait, elle tira son luth et chanta l'ode à la ville qui exauce les souhaits, dans les pays lointains où l'on trouve bien-être et abondance. Le fermier, ensorcelé, s'éloigna au son du luth.

13
juin

LE LUTH

La Sécheresse et l'homme marchèrent jour et nuit jusqu'à un carrefour. Le soleil montait juste à l'horizon. La Sécheresse tendit à monsieur Reinette son luth, qui gémit. Puis elle disparut, abandonnant le paysan à son sort. Monsieur Reinette regarda l'instrument : qui sait, peut-être pourrait-il en jouer ? C'en était bien fini de son ancien métier !

14
juin

EN ROUTE

Monsieur Reinette traversait une région inconnue lorsqu'il entendit parler du château de la Musique, où celui qui vient jouer dans la joie et pour le plaisir est généreusement récompensé. Il demanda où se trouvait ce château, mais l'homme qui le renseignait s'évanouit comme une ombre quand le soleil se cache.

La Sécheresse

15
juin

CELUI QUI CHERCHE ET NE TROUVE PAS

Monsieur Reinette eut beau chercher,
il ne trouva pas le château de la Musique.
Ceux qu'il interrogeait hochaient la tête
sans répondre… même les musiciens !
Il croisa aussi des femmes avec leurs
enfants qui lui rappelaient chaque
fois le fils et les deux filles
qu'il avait abandonnés ;
alors le remords le consumait et
il s'empressait de les chasser
de son esprit.

16
juin

LA RENCONTRE DU DESTIN

Monsieur Reinette chemina encore.
Un jour, il rencontra un homme
qui lui adressa la parole :
– Que doit faire celui qui trouve
un obstacle sur sa route ?
Le paysan haussa les épaules.
Il était trop fier et prétentieux
pour demander de l'aide.

L'Eau

17
juin

UN NOUVEL OUVRIER

Cependant, au verger les pommiers dépérissaient et la ruine menaçait la maison. La fermière ne pouvait tout faire seule et ses enfants eurent bientôt faim.
Un soir, un voyageur frappa à la porte. Il semblait être une ombre et sa tête était comme une pomme mûre. Il offrit ses services en échange d'un toit.

18
juin

CURIOSITÉ

La femme, qui ne savait que faire, accepta. La fermière se méfia d'abord de son nouvel ouvrier, mais il se montrait modeste, silencieux et travailleur.
Il connaissait bien son métier et se lia d'amitié avec les enfants.
La fermière s'habitua à son visage toujours brumeux. En vain, elle lui demanda de révéler son secret : elle ne pouvait se douter que cet habile ouvrier était le Destin lui-même.

19

juin

LE SECRET DU DESTIN

Si le Destin montre son visage
à un être humain, il trahit
le secret de la vie et perd
son pouvoir. Il devient
un simple mortel.
C'est pourquoi il est toujours
voilé de brume et voyage pour
aider ceux qui en ont besoin.

Le Destin

20
juin

UN AUTOMNE INATTENDU

En quelques jours, les feuilles des pommiers
jaunirent comme à l'approche de l'automne.
Puis un vent violent se leva. *Ffff* ! Ssss ! Ffff !
Les feuilles tombèrent et couvrirent le sol d'un épais
tapis doré. Chaque pas craquait comme le feu dans
la cheminée et les pommiers s'endormirent pour l'hiver.
– Bonne nuit, chuchota le Destin en touchant
chaque arbre du bout des doigts.

21
juin

L'ARÔME DU PRINTEMPS

Le lendemain, les pommiers reprirent vie et fleurirent.
Cela sentait si bon que la fermière appela les enfants :
les branches étaient déjà chargées de pommes
qui grossissaient à vue d'œil.
– Nous les récolterons demain, annonça l'inconnu.
Les enfants se réjouirent du parfum de pomme mûre
dans la maison, et la fermière s'émerveilla.
Sans demander d'explication,
elle prépara la pâte à tarte.

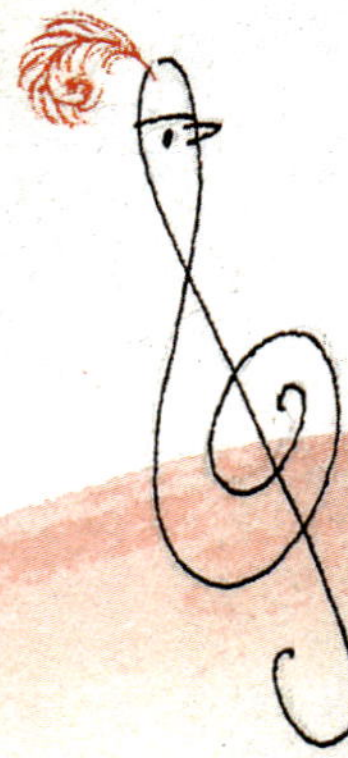

22
juin

LE CHÂTEAU DE LA MUSIQUE

Monsieur Reinette marchait toujours,
vers le nord, le sud, l'est ou l'ouest.
Il chercha dans les forêts sombres
et les hautes montagnes, le long
des torrents et des vertes vallées.
Et celui qui cherche trouve un jour,
si ce qu'il cherche existe vraiment.
Enfin, il atteignit le château
de la Musique.

23
juin

LE GARÇON DU CHÂTEAU

La première personne qu'il rencontra
fut un petit garçon qui ressemblait
à son fils. Le garçon regarda
attentivement le paysan au luth
et, sans un mot, le conduisit
vers l'empereur.

24
juin
UN TRISTE SPECTACLE

Monsieur Reinette joua les airs qu'il connaissait, mais sa musique ne séduisit personne. Lui, jouer dans la joie et pour le plaisir ? L'empereur prit sa tête douloureuse à deux mains. L'impératrice eut les oreilles cassées et quelques courtisans devinrent tout à fait sourds. Les souris épouvantées surgirent de leur trou et les dames de la cour se mirent à piailler plus fort que les souris. Le garçon prit monsieur Reinette par la manche et l'entraîna vite dehors.

25
juin
LE JARDIN DÉSERT DU CHÂTEAU

Le garçon était désolé pour le paysan. Il observa étonné les mains fortes et les rudes paumes habituées à d'autres travaux.
– Pour jouer du luth, il faut des mains fines comme des fils d'araignée !
Mais peut-être saurais-tu planter des arbres ?
Notre jardin désert est si triste…

26
juin

MIRACLE DANS LE JARDIN

Monsieur Reinette se réjouit de leur montrer ce qu'il savait faire !
Sans hésiter, il retroussa ses manches.
Il planta dix pépins de pomme qui donnèrent sur le champ dix pommiers.
Sous ses yeux ébahis, les arbres grandirent et se couvrirent de fleurs dans
l'après-midi. Dès le soir, se formèrent des pommes grosses comme le poing.
Elles commençaient à prendre une belle couleur dorée quand le soleil se coucha.

27
juin

LES POMMES DE REINETTE

Le lendemain, l'heureux paysan apporta à la table du château des pommes si belles et si sucrées que l'impératrice lui pardonna son affreux récital de la veille.

– Quel est ton nom ? demanda l'empereur.

– Joseph Reinette, répondit humblement le paysan.

En son honneur, l'empereur nomma ces pommes merveilleuses pommes de Reinette.

28
juin
LA RÉCOMPENSE

L'heure était venue de repartir. Monsieur Reinette expliqua au garçon comment soigner les arbres du jardin royal et s'apprêtait à sortir quand l'empereur lui-même le rappela.
– Tes belles pommes méritent une récompense. Je t'offre un bon conseil. Rappelle-toi qu'on peut se trouver bien partout, mais que le mieux est encore d'être chez soi.
Et il s'écarta pour que l'impératrice puisse admirer les plus beaux pommiers du monde.

29
juin
LE RETOUR

L'étrange ouvrier quitta la maison des Reinette aussi silencieusement et discrètement qu'il y était venu. La femme et les enfants le cherchèrent au verger, dans la grange, dans le jardin, et jusqu'en ville, mais ils ne trouvèrent aucune trace de leur hôte mystérieux.
La femme recommençait à désespérer.
Alors la porte s'ouvrit et monsieur Reinette entra.

30

juin

MIEUX CHEZ SOI

La femme reconnut à peine son mari tant il avait changé. Les enfants aussi étaient plus âgés d'un an. Au verger mûrissaient d'innombrables pommes qu'il était temps de cueillir.

– On est toujours mieux chez soi, reconnut monsieur Reinette.

Il demanda pardon à sa famille de l'avoir abandonnée et se dirigea vers son verger.

1er

juillet

JUILLET !

Enfin le mois de juillet ! L'été, les vacances, les baignades, et de nouvelles aventures ! Deux mois extraordinaires, pleins de surprises, où rien ne se passe comme d'habitude. Et puis l'été il y a aussi les fruits, les glaces et les nouveaux copains. Mathias se réjouissait de tout partager avec Petit Trognon, très impatient lui aussi.

2
juillet
LE PÔLE SUD

– Nous pourrions aller au pôle Sud, proposa Mathias.
– Pourquoi au pôle Sud précisément ? demanda Petit Trognon.
– Je n'ai jamais vu d'ours polaire dans la nature, expliqua Mathias, et il ajouta que Papa non plus n'en avait jamais vu.
– Nous irons en Grèce au bord de la mer, annonça rêveusement Maman.
Papa acquiesça. Manifestement, en été il ne s'intéressait pas du tout aux ours polaires.

3
juillet
LA GRÈCE

– C'est quoi la Grèce ? interrogea le petit bonhomme vert.
Mathias réfléchit. Une chose certaine, c'est que la mer et la Grèce sont liées d'une manière ou d'une autre.
– La Grèce, c'est la mer, dit-il.
– Et c'est quoi, la mer ? insista Petit Trognon.
Mathias n'y était jamais allé et se contenta d'une réponse vague :
– La mer, c'est comme la baignoire pleine d'eau quand Maman y met des sels de bains.

4
juillet

PETIT TROGNON HÉSITE

Une fois qu'on a décidé de partir à la mer, on prépare des choses dont on n'a pas besoin en temps normal. Et tous rêvaient de partir ! Papa, parce qu'il était déjà allé cinq fois à la mer et qu'il aimait plonger. Maman, parce qu'elle y était allée trois fois et qu'elle adorait l'eau de mer bleu-vert. Mathias, parce qu'il n'y était jamais allé. Seul Petit Trognon ne savait qu'en penser, mais personne ne lui demanda son avis.

5
juillet

PAPA PRÉPARE LE VOYAGE

Papa choisit une grande valise où il pourrait tout ranger. Il acheta la plus grande du magasin, la rapporta triomphalement à la maison et la posa dans le salon. Petit Trognon n'attendait que ça. *Hop !* dans la valise. Il se mit aussitôt à gigoter et à farfouiller.

– Qu'est-ce que c'est que cette valise ? se plaignit Maman. Elle fait un horrible tintamarre !

6
juillet

PREMIÈRE VICTOIRE

L'énorme valise grinça toute la nuit. Maman ne put fermer l'œil et Papa n'eut pas d'autre choix que de la rapporter au magasin. Il expliqua que la valise l'avait empêché de dormir. Le vendeur n'entendait rien du tout, mais il ne voulait pas se battre avec Papa. Petit Trognon fêta sa victoire. Sans valise, personne n'irait à la mer !

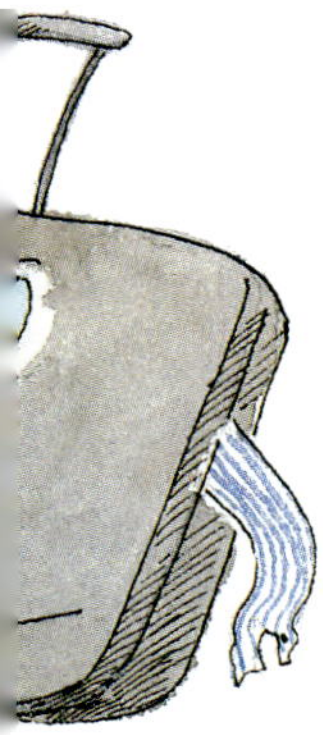

7
juillet

MAMAN PRÉPARE LE VOYAGE

Maman décida de s'en occuper personnellement. Au grand magasin, elle acheta deux valises moyennes. De retour à la maison, elle prépara le dîner. Petit Trognon n'attendait que ça. Et *hop !* dans la première valise. Il se mit alors à sauter et à tournicoter. La valise bascula et entraîna l'autre.

Papa arrêta de regarder la télévision pour se plaindre.

– Je ne sais pas s'il vaut mieux une valise qui grince et craque ou deux qui se battent ensemble !

8
juillet

SECONDE VICTOIRE

Maman dut rapporter les valises au magasin. Elle expliqua qu'elles se battaient. Le vendeur n'entendait rien du tout, mais il ne voulait pas se battre avec Maman. Il ne faut jamais contrarier une cliente.

Petit Trognon fêta sa victoire. Sans valise, personne n'irait à la mer !

9
juillet
MATHIAS PRÉPARE LE VOYAGE

Mathias comprit que s'il n'intervenait pas, il ne verrait jamais la mer. Dans la cave, il dénicha une vieille valise qui appartenait à son arrière-grand-mère, la posa au milieu de sa chambre, éteignit la lumière et attendit. Petit Trognon s'approcha à pas de loup

et hop ! **Cric, brrr, zuiii, briik, crac...** il se mit à sauter et à gigoter comme un fou !

10
juillet

TROISIÈME VICTOIRE

Laissant Petit Trognon s'agiter, Mathias tira la fermeture éclair. *Ziiip !*
Et son ami fut pris au piège. Puis Mathias rangea la valise sur le balcon,
où le petit bonhomme vert pouvait sauter, gigoter, couiner et cliqueter à sa guise.
Papa regardait tranquillement la télé et Maman cuisinait en paix.
Mathias était décidé à ne relâcher Petit Trognon qu'au moment du départ.
Cette fois, à lui la victoire !

11
juillet

1 + 2 = 3

Papa retourna acheter une grande valise.
Le vendeur lui assura que celle-là
ne remuait pas et restait silencieuse.
Maman ne voulut pas s'avouer vaincue
et elle choisit deux valises moins grandes :
le vendeur lui jura qu'elles ne se battaient pas.
Et ils purent enfin préparer les bagages.
De plus, Mathias eut la preuve visible
que 1 + 2 = 3.

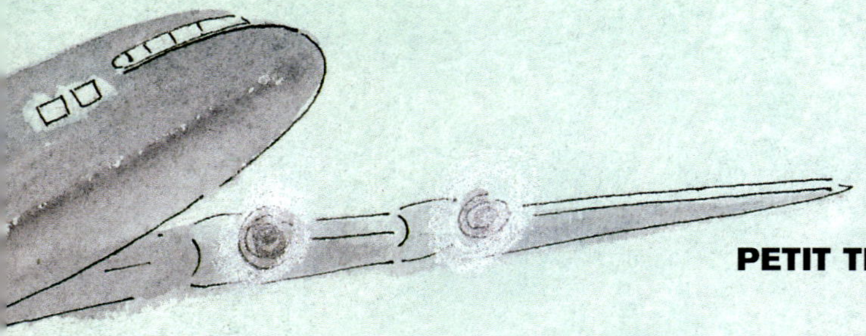

12
juillet
PETIT TROGNON BOUDE

Enfin, le grand jour arriva. Papa boucla les trois valises et la famille partit pour l'aéroport. Mathias se rappela juste à temps que Petit Trognon était resté sur le balcon. *Ziiip !* Petit Trognon était assis, immobile. Mathias voulut l'attraper pour le mettre dans son sac, mais il résistait de toutes ses petites jambes. Pas question qu'il parte, bien fait pour Mathias !

13
juillet
EN ROUTE POUR L'AÉROPORT

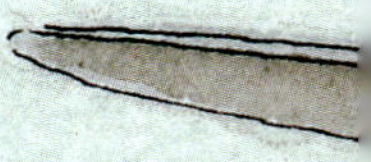

Mathias savait comment faire sortir le petit bonhomme vert de la vieille valise. Il était tellement curieux… Mathias se dirigea vers la porte en faisant semblant d'accueillir un ami, puis il éclata de rire, comme si on lui racontait une bonne blague. Ensuite, Petit Trognon entendit les mots « plan secret », « drôle de farce » et « allons-y ». N'y tenant plus, il sauta hors de la valise pour ne rien perdre de l'histoire. Mathias se jeta sur lui et le glissa au fond de son sac à dos. Il noua le cordon et *hop !* à l'aéroport.

14
juillet

PETIT TROGNON DANS L'AVION

– Où suis-je ? demanda Petit Trognon quand Mathias ouvrit son sac.
– Dans l'avion ! chuchota Mathias qui le hissa jusqu'au hublot.
C'était magnifique ! Partout le ciel bleu, parfois un nuage blanc et au loin en dessous des petites maisons, des arbres miniatures, des rivières comme des rubans – un jeu de construction en miniature.
Heureusement que Mathias l'avait emporté avec lui !

15
juillet

PETIT TROGNON AU BORD DE LA MER

Le petit bonhomme vert regardait la mer sans y croire.
Il n'avait jamais vu autant d'eau. Il demanda ce qui se passerait :

- **Si toute cette eau débordait ?**
- **S'il devait boire toute la mer en une journée ?**
- **Si les vagues l'emportaient avec elles ?**

Chose bizarre, Mathias ne réussit à répondre
à aucune question !

16
juillet

PREMIÈRE QUESTION

Sur la terrasse, les parents déjeunaient en admirant la baie qui s'étendait à leurs pieds, quand Mathias demanda :
– Que se passerait-il si la mer débordait ?
Maman soupira. Où allait-il chercher tout ça ?
Papa savait que son fils attendait une réponse.
Il dit d'un air de fin connaisseur :
– Si toute l'eau de la mer débordait, il y en aurait partout !

17
juillet

DEUXIÈME QUESTION

À la plage, Maman bronzait sous le soleil et Papa hésitait entre aller plonger et faire des mots croisés à l'ombre, quand Mathias demanda :
– Et si quelqu'un devait boire toute la mer en un jour ?
Papa réfléchit. Pourquoi son fils avait-il toujours ce genre d'idées tordues ?
Il répondit que si quelqu'un était obligé de boire la mer en un jour, il n'aurait pas d'autre choix que de le faire, un point c'est tout.
Et il choisit d'aller plonger.

18
juillet

TROISIÈME QUESTION

Les parents admiraient le soleil couchant et Maman songeait aux célèbres héros grecs de la mythologie quand Mathias posa sa troisième question :

– Et si les vagues montaient et m'emportaient avec elles ?

Maman soupira et reprit ses méditations sur la mythologie grecque.

Papa regarda son fils.

– De quoi as-tu peur, puisque tu sais nager ?

Et Mathias prit conscience qu'il était plus que temps d'apprendre à nager à Petit Trognon.

19
juillet

PETIT TROGNON APPREND À NAGER

Le petit bonhomme vert se débattit de toutes ses forces de pomme, mais Mathias était parfaitement décidé. Sans céder, il le posa à la surface.

– Un-deux-trois, les bras-deux-trois, les jambes-deux-trois…

Bientôt, Petit Trognon nageait comme un poisson. Il restait cependant convaincu que ça ne lui servirait à rien au cours de sa vie de pomme.

20
juillet

ON NE PEUT PAS BOIRE L'EAU DE MER

Petit Trognon nageait sans cesse. Il voulut parler et avala une eau affreusement salée. Il toussa et cracha, battit des pieds et tapa des mains comme s'il avait oublié qu'il savait nager. Heureusement que Mathias était là, sinon il se serait sûrement noyé.

21
juillet

LA PRINCESSE

Pendant le petit déjeuner, le petit bonhomme vert aperçut sur le plateau argenté, à côté d'un ananas et d'un énorme melon d'eau, une pomme extraordinaire. C'était visiblement une fille, mais différente de celles que Petit Trognon connaissait. Sa peau semblait dure et elle portait une couronne sur la tête. C'était certainement une princesse !

22
juillet

L'AMOUR AU PREMIER REGARD

Mathias posa le petit bonhomme vert sur le plateau d'argent. Il s'enhardit et demanda un rendez-vous à la princesse inconnue. La jeune fille sourit et acquiesça. Elle salua l'ananas et le melon puis sauta à terre. La dame de la table voisine vit avec stupeur la princesse pomme sauter du plateau. Sans hésiter elle se dirigea droit vers Papa, Maman et Mathias.

23
juillet

PROMENADE AU JARDIN

Petit Trognon et la charmante inconnue se dirigèrent vers le jardin.
Le petit bonhomme vert sentait son cœur battre pour cette belle jeune fille.
Il s'inclina profondément, et s'exprimant comme un gentleman, déclara :
– Permettez, douce princesse, que je me présente. Je m'appelle Petit Trognon.
– Quelle princesse ? s'amusa la jeune fille.
Je suis une simple grenade !

24
juillet

LA DAME DE LA TABLE VOISINE

La dame de la table voisine dévisagea
Papa et Maman de la tête aux pieds.
L'air sévère, elle déclara qu'une
grenade, qui était là pour le décor
et pas pour être mangée, avait disparu,
et ses yeux se posèrent sur Mathias.
Maman songea que cette dame
se mêlait de ce qui ne la regardait pas
au lieu de profiter du soleil, de l'été,
et de la mer magnifique.
Papa foudroya Mathias du regard :
– C'est toi qui as pris cette grenade ?

25
juillet

UNE PUNITION NON MÉRITÉE

Mathias était bien obligé de mentir pour sauver le petit bonhomme vert de cette affreuse bonne femme. Il baissa les yeux et acquiesça.

– Quelle honte, murmura Maman. Papa ne dit rien. Il promit d'acheter une grenade au marché pour réparer cette bêtise. Et Mathias fut privé de glace toute la journée.

26
juillet

LA CRÈME SOLAIRE

Petit Trognon rentra tard dans la nuit, rempli d'amour et sans regarder là où il mettait les pieds. Il marcha sur un tube de crème solaire ouvert et en mit partout : en rejoignant son sac, il en étala sur le tapis, la table de nuit et le journal de mots croisés qui se trouvait sur son chemin. Puis il s'endormit.

27
juillet
BONJOUR !

Le matin, Petit Trognon sauta du sac et courut retrouver la grenade. Puis Mathias se réveilla et se dirigea vers la salle de bains. Il glissa sur la crème solaire et tomba de tout son long : *Boum !* Il réveilla Papa, qui ouvrit les yeux et aperçut son journal de mots croisés plein de gras. Papa n'aime pas se mettre en colère, et encore moins pendant les vacances à la mer. Il jeta le journal à la poubelle et décida que Mathias n'aurait pas de glace ce jour-là non plus.

28
juillet
MAMAN EN COLÈRE

Avec sa belle grenade, Petit Trognon passa au jardin une autre merveilleuse journée, mais celle de Mathias fut atroce. Maman était furieuse. Depuis quand étale-t-on de la crème solaire sur les draps, le tapis et la table de nuit ? Mathias dut rester enfermé à nettoyer les draps, laver le sol et tout remettre en ordre. Quelle joyeuse occupation de vacances ! Et Papa ? Il perdit patience et décida que Mathias serait privé de glace jusqu'à la fin du séjour.

29
juillet

LA MER DE GLACE

Mathias était furieux. Pas question que ses parents le punissent sans cesse alors qu'il était innocent ! Pourtant son ami amoureux était de plus en plus malheureux. Avec le départ approchait le temps de la séparation.
Alors Mathias ajouta :
– Tu me dois une mer de glace !

30
juillet

EN DANGER DE MORT

Le dernier soir, le petit bonhomme vert resta sur la jetée, tenant la douce main de la grenade qu'il aimait tant et fixant la mer sombre. Soudain, la surface se gonfla et une vague emporta le couple d'amoureux.
– À l'aide ! cria la jeune fille qui disparut sous l'eau.
Petit Trognon eut la présence d'esprit de compter :
– Un-deux-trois, les bras-deux-trois, les jambes-deux-trois…
Il lui suffit alors d'attraper fermement la grenade par la taille et de nager jusqu'à la berge.

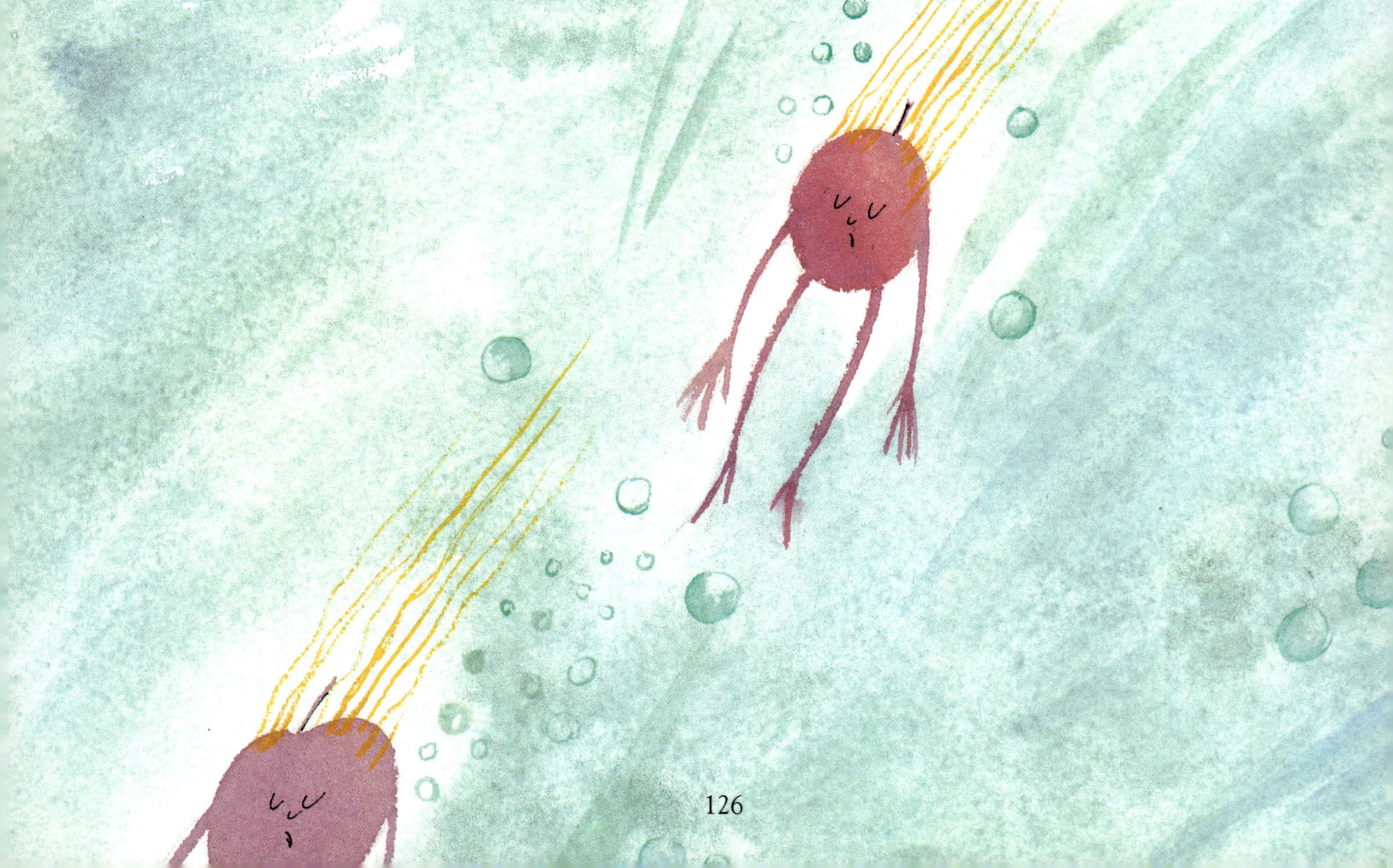

31
juillet

LA SÉPARATION

Au moment où le petit bonhomme vert sauvait la vie de sa princesse, le séjour s'achevait. Chacun dut retourner là d'où il venait. Petit Trognon dans son sac à dos et sa princesse, qui n'en était pas vraiment une, sur son plateau entre l'ananas et le melon d'eau. La dame de la table voisine s'étonna beaucoup quand la grenade disparue revint à sa place. Elle voulut s'excuser auprès de Papa, mais celui-ci était déjà assis dans l'avion et finissait sa dernière grille de mots croisés.

1er
août

LES VACANCES CONTINUENT

Mathias resta à la maison. Papa retourna au travail, Maman aussi. « On dirait que les vacances s'achèvent » pensa Petit Trognon. Pourtant, l'été était loin d'être terminé. Mais avant de partir chez ses grands-parents à la campagne, Mathias devait passer deux jours en ville. Il emmena Pierrot et le petit bonhomme vert en promenade.

2
août
LA PÂTISSERIE

Mathias, Petit Trognon et Pierrot marchaient comme si la ville leur appartenait. Les rues, les places, le parc, ils avaient tout pour eux. Les voitures freinaient, les gens se retournaient, les enfants riaient : personne n'avait jamais vu un tel trio !
– Suivez-moi ! commanda Petit Trognon en entrant dans la pâtisserie du Chat gourmand. Les deux autres n'avaient pas le choix.

3
août
LA MER DE GLACE

Le petit bonhomme vert étudia attentivement toutes les pâtisseries. Éclairs, tartes aux fraises, tartes au marron, gâteaux au chocolat, millefeuilles, religieuses… Il choisit un fondant au chocolat qui avait une bonne tête et renonça aux coupes de myrtille, framboise, banane ou caramel. Puis il se dirigea vers le comptoir et demanda une mer de glace. La vendeuse resta interdite et alla vérifier auprès de la responsable la quantité de glace correspondant à la mer.

4
août
DÉCEPTION

La vendeuse apporta tant de glace que Mathias, Pierrot et Petit Trognon mangèrent jusqu'au soir. Une promesse est une promesse ! Après la dernière bouchée, Petit Trognon regarda autour de lui et *croc* ! Il mordit dans la table, puis dans sa chaise, et finalement dans le pot de cyclamens.
– Quoi encore ? s'étonna Mathias.
– Je croyais que dans les pâtisseries, tout était en sucre, répondit Petit Trognon déçu, qui se leva et rentra à la maison.

5

août

LA SOUPE

Après cette mer de glace, Mathias ne voulut rien manger. Maman en conclut qu'il était malade et avait besoin de nourriture chaude. Elle fit donc un bon bouillon de poule avec des pâtes.

– Je n'ai pas faim, dit Mathias, mais Maman insista.

Elle saisit une cuillère pleine et ordonna :

– Ferme ton bec et mange !

Mais comment manger avec la bouche fermée ?

6

août

PETIT TROGNON À LA CAMPAGNE

Même Maman, dans sa grande sagesse, ne savait que faire.

– Il est grand temps que cet enfant parte à la campagne, décida Papa.

Et le lendemain, il conduisit Mathias, Pierrot et Petit Trognon chez Grand-père et Grand-mère.

Heureusement : que se serait-il passé si le petit bonhomme vert était resté en ville seul avec Papa et Maman ?

7
août

GRAND COMME LA MAIN

Les grands-parents habitaient une petite maison blanche avec un jardin grand comme la main et la forêt à un jet de pierre, comme disait Mathias. Petit Trognon regarda sa main, mais le jardin était cent fois trop grand. Il ramassa une pierre et la jeta… On s'était encore moqué de lui !

8
août

LES ANIMAUX

Grand-père et Grand-mère élevaient des poules et des lapins, s'occupaient d'une vieille chatte et d'un chien, Gribouille, qui avait peut-être des bergers allemands parmi ses ancêtres, mais son arrière-grand-père devait être un griffon.
– *Ouaf ! ouaf ! ouaf !* salua noblement Gribouille, quand il vit Petit Trognon qui l'observait avec attention.

9
août

LA RÉPONSE

Petit Trognon resta sur ses gardes. Il ne savait pas s'il devait avoir peur.
– Je m'appelle Gribouille et je suis responsable de tout ici, aboya le chien, qui rentra dans sa niche.
Petit Trognon ne l'intéressait plus.
– *Ouaf ! ouaf ! ouaf !* prononça Petit Trognon en espérant qu'il répétait bien.
Mais, du fond de la niche, il entendit : *Rrrr, ffff, rrrr…* Gribouille dormait, et on en resta là.

10

août

SOUS LES COMBLES

Mathias s'installa dans la petite chambre du grenier. C'était son endroit préféré. La chambre sous les toits regorgeait de secrets : le vieux bahut plein de trésors, le lit en laiton aux boules brillantes dans les coins, l'escalier raide dont chaque marche grinçait horriblement.
L'année dernière, Maman ne voulait pas que Mathias dorme seul avec le chat sur le toit, les araignées au plafond et la vue sur la rivière.
Maintenant, Mathias était grand. La chambre sous les combles était toute à lui.

11

août

DU MATIN AU SOIR

Chez les grands-parents, le temps file beaucoup plus vite qu'en ville. À peine Mathias était-il levé que la nuit tombait. Entre temps, il jouait près de la rivière, cueillait des pissenlits pour les lapins, coursait les poules, ramassait les œufs, se promenait avec Gribouille et repeignait la clôture avec Grand-père. Il ne s'apercevait même pas que Petit Trognon disparaissait toute la journée. Il s'esquivait au premier chant du coq et ne revenait qu'au clair de lune.

12
août

PETIT TROGNON PARMI LES SIENS

Le premier jour, Petit Trognon ne sortit pas du jardin, mais rencontra plein de nouveaux amis. Le second jour, il se risqua près de la rivière et lia connaissance avec une foule de personnes qui voulaient tout savoir des aventures qu'il avait vécues. Le troisième jour, Petit Trognon passa derrière la grange. Il rencontra des pommes rouges magnifiques, mais aussi des pucerons verts, sauvages, et sans aucun humour.

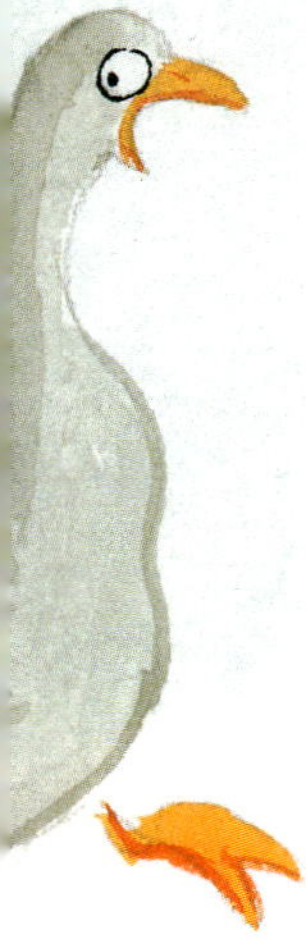

13
août

LA LETTRE

Bientôt le facteur apporta une lettre pour Petit Trognon :

Cher ami,

C'est pour nous un honneur que de vous inviter au repas solennel qui aura lieu à midi pile à la croisée des chemins sous le pommier centenaire. En entrée, on servira une goutte de rosée matinale, puis du bouillon d'écorce ; comme plat, des feuilles de noyer braisées sauce framboise et une infusion de queues de cerise. Au dessert, les convives goûteront des pépins au caramel.

Nous espérons votre présence,
Fleurus Pommier.

14
août

UN HÔTE DE MARQUE

Petit Trognon se lava, se brossa les dents et s'en alla au festin sous le pommier centenaire. Il se faisait une joie de goûter l'infusion de queues de cerises et les pépins au caramel. Il aurait été impossible de compter les pommes assises à table. Vinrent les voisins, les parents et les amis des villages alentour, et même les voyageurs de passage.

Et chacun mangeait, buvait et festoyait…

15
août

UN LIT DE RECHANGE

Petit Trognon raconta, dansa, chanta, mangea et but jusqu'au soir.
Il était épuisé comme s'il avait grimpé au plus haut pommier du monde.
La nuit tomba et les invités se séparèrent lentement.
Quand le petit bonhomme vert pensa au long chemin
qu'il devait faire pour rentrer, il préféra dormir
au pied de Fleurus Pommier.

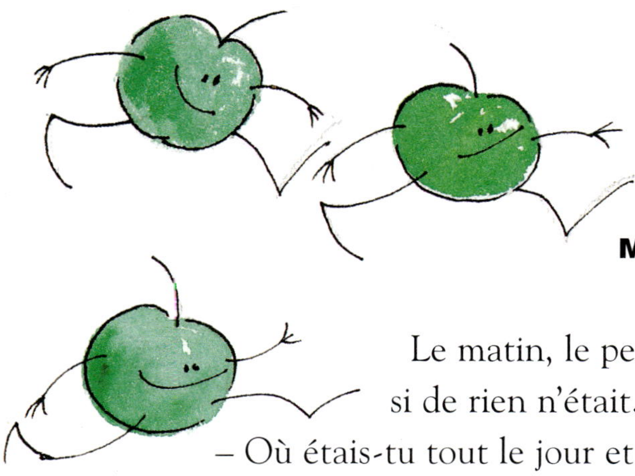

16
août

MATHIAS SE FÂCHE

Le matin, le petit bonhomme vert revint comme
si de rien n'était. Mathias n'en croyait pas ses yeux.
– Où étais-tu tout le jour et toute la nuit ? Tu sais que je me suis inquiété ?
Petit Trognon dévisagea Mathias, l'air surpris.
– Tu t'es inquiété ?
– Je n'ai pas fermé l'œil de la nuit, dit Mathias.
– Pourtant, tu dormais il y a deux minutes ! s'amusa Petit Trognon.
– Oui, reconnut Mathias.
– Alors tout va bien, conclut Petit Trognon.
Et il commença une partie de cartes avec Pierrot.

17
août

L'ORAGE

Le ciel se couvrit d'un lourd nuage noir et il commença à pleuvoir. Les gouttes tambourinaient furieusement sur le toit et Mathias resta sous les combles comme un prisonnier. Il s'assit à la fenêtre et regarda la rivière. L'eau montait de plus en plus vite et bientôt la rivière déborda sur les berges : Grand-père et Grand-mère craignirent aussi pour leur maison. Petit Trognon enfila un imperméable et partit pour le pommier centenaire.

18
août

LA DIGUE DE POMMES

Soudain, autour de la maison, roulèrent des pommes rouges, mûres, pourries ou véreuses. Le petit bonhomme vert se tenait à leur tête.

– Les pommes rouges à droite, les vertes à gauche, les plus mûres autour du jardin et le reste de l'autre côté de la clôture ! ordonna Petit Trognon.

Et bientôt, une digue de pommes protégea la maison, les cages à lapins, le jardin et la niche du chien.

19

août

L'INONDATION

L'inondation emporta tout sur son passage. Seule la maison de Grand-père et Grand-mère avec son jardin, ses cages à lapins et la niche du chien fut épargnée.

Quand l'eau se fut retirée, Gribouille se rendormit dans sa niche.

Rrrr, ffff, rrrr…

Les pommes se dispersèrent et Mathias pardonna à Petit Trognon.

Il avait compris qu'il est bon d'avoir plusieurs amis, surtout quand il pleut.

20
août

L'AMITIÉ

Le petit bonhomme vert avait fait la connaissance de toutes les pommes de la région, mais le soleil brillait et les pommes mûrissaient. Les gens les ramassaient et les emportaient au cellier, à la cidrerie, à la conserverie, ou dans les magasins de la ville. Bientôt, Petit Trognon resta seul, sans personne à qui parler, à part les feuilles des pommiers sans fruit. Mais leurs sifflements ne l'amusaient pas vraiment.

21
août

LA RIVIÈRE

Maintenant, l'eau coulait aussi calme qu'avant. Les pêcheurs revinrent, puis les amoureux, et les enfants qui voulaient s'amuser à la rivière. Grand-père sortit du débarras sa canne à pêche et son tabouret et *hop !* à la rivière. Petit Trognon, qui ne voulait rien manquer, le suivit sans se faire voir.

22
août

LA PÊCHE POUR LES CHATS

Même si un pêcheur adore attendre, il aime aussi remonter du poisson de temps en temps. Grand-père attendit une heure en vain. En deux heures, le bouchon n'avait pas remué. Au bout de trois heures, Grand-père s'énerva, et le soir venu, il abandonna.

– Ce genre de pêche, c'est bon pour les chats ! grogna-t-il, furieux. Il se leva et rentra chez lui.

23
août

PETIT TROGNON EXAUCE LES SOUHAITS

Le petit bonhomme vert réfléchit. Grand-père disait que ce genre de pêche était bon pour les chats. Il haussa les épaules, appela la chatte qui se promenait par là, la posa toute surprise sur le tabouret, lui mit la canne dans la patte, et courut à la maison.

24
août

GRAND-PÈRE NE RENONCE PAS

Grand-père dormit comme d'habitude, déjeuna copieusement et retourna pêcher. La chatte était partie depuis belle lurette. Grand-père patienta pendant une heure. La deuxième heure, il remonta une vieille chaussure. La troisième heure, il prit une bouteille vide et le soir, une boîte pleine de boue.

– Ça va plaire à Grand-mère ! marmonna-t-il, et il rentra chez lui.

« Pauvre Grand-père, pensa Petit Trognon. Il attrape enfin quelque chose et il l'oublie sur la berge. » Et il ramassa la boîte pleine de boue.

25
août

LA SURPRISE

Grand-mère prépara le dîner et essaya
de dérider Grand-père. Mais quand elle
vit que ses efforts ne servaient à rien,
elle lut une histoire à Mathias
dans la chambre sous les combles,
enfila sa chemise de nuit et se mit
au lit. Elle fut plutôt surprise
de trouver sous ses draps
une boîte pleine de boue.

26
août

GRAND-MÈRE SAUTE EN L'AIR

Grand-mère mit ses lunettes pour
examiner la boîte. Puis, la boîte
à la main, elle s'approcha de Grand-père.
Grand-père n'arrivait pas à comprendre
comment la boîte avait pu rejoindre
Grand-mère dans son lit. Il se défendit
comme il put, mais Grand-mère
n'en crut pas un seul mot.

27
août

JAMAIS DEUX SANS TROIS

Grand-père dormit, déjeuna et retourna à la rivière. Petit Trognon en aurait pleuré. Heureusement que Mathias lui avait appris à nager ! Il sauta dans l'eau et tenta de persuader les poissons de goûter à l'appât de Grand-père. Mais a-t-on jamais vu un poisson se laisser prendre de bon cœur ? Et Petit Trognon dut trouver une autre idée.

28
août

LES COURSES

Le petit bonhomme vert nagea jusqu'à la ville et fit des courses à la poissonnerie. Grand-père patienta une heure avant d'attraper un maquereau fumé, un aspic de carpe et trois boîtes de sardines à l'huile d'olive. Puis il pêcha un énorme bocal de soupe de poisson, et finalement, il remonta six tranches de requin avec le prix sur l'étiquette.
– Je suis en train de devenir fou, déclara Grand-père, et il rentra chez lui.

29

août

DU REQUIN AU DÎNER

Grand-mère accueillit la pêche de Grand-père avec enthousiasme, mais sans poser de question. Elle rangea les sardines dans le placard, mit le reste au réfrigérateur et prépara le requin pour le dîner. Deux tranches pour Grand-père, deux tranches pour elle et deux tranches pour Mathias. Avec du citron, des pommes de terre et une bonne salade : un vrai régal !

30
août

LE PARDON

Comme remerciement, Grand-mère pardonna à Grand-père l'histoire de la boîte pleine de boue. Mathias mangea tant qu'il dut aller se coucher. Et Grand-père ? Il grogna toute la soirée et mangea sans se dérider. Puis il sortit dans le jardin pour être seul.

« Pauvre Grand-père, pensa Petit Trognon, même après cette pêche magnifique il est toujours triste… »

31
août

LA FIN DES VACANCES

Il était temps pour Mathias de rentrer à la maison. Sinon, le petit bonhomme vert aurait vraiment rendu Grand-père zinzin ! Papa et Maman arrivèrent. Grand-mère réchauffa la soupe de poisson, fit une salade de pommes de terre pour accompagner l'aspic de carpe, puis Mathias rangea ses affaires tout seul. C'était vraiment un grand garçon, et après les vacances, les grands vont à l'école ! C'était une toute nouvelle aventure !

1er
septembre

INCERTITUDE

L'incertitude, c'est étrange. On a beau savoir qu'un et un font deux, il arrive toujours un moment où l'on en doute. Combien font deux et deux ? Et *crac*, l'incertitude sort ses griffes.

Mathias était depuis longtemps impatient d'aller à l'école, mais maintenant qu'il y était, il ne savait plus s'il ressentait du plaisir ou de la peur.

2
septembre

LE SOIR

Mathias n'arrivait pas à s'endormir. Il se leva et annonça à tous ses jouets que demain serait son premier jour d'école. Pierrot lui souhaita bonne chance, les cubes lui sourirent et le crayon vert lui dessina un trèfle à quatre feuilles.
– Je viendrai avec toi, proposa Petit Trognon.
– Pas question, répondit Mathias avec un air vraiment décidé. Je suis grand, je dois me débrouiller tout seul.
Mais il lui promit de l'emmener une fois, plus tard.

3
septembre

L'ÉCOLE MATERNELLE IDÉALE

Son école maternelle était exactement semblable à l'idée que Mathias s'en faisait. La maîtresse qui n'est là que pour s'amuser et jouer avec les enfants. La cuisinière qui se tourmente dès qu'un enfant n'a pas d'appétit. Les jouets qui rivalisent pour qu'on joue avec eux, les enfants qui partagent les jeux. Et surtout le jardin enchanté plein de cachettes secrètes, d'arbres mystérieux et de recoins oubliés…
Quand Maman vint chercher Mathias, il ne voulait plus rentrer !

4
septembre

UN NOUVEL AMI

Mathias rencontra un garçon qui lui ressemblait beaucoup. Il s'appelait Paul, habitait dans la même rue que lui, se serait coupé une main pour une tartine de confiture, comme lui, et aimait par-dessus tout les cubes en bois avec lesquels on construit le monde. Ils allaient ensemble à l'école, rentraient ensemble de l'école, s'asseyaient à la même table et devinrent inséparables. Mathias avait un nouvel ami.

Paul

5
septembre

PETIT TROGNON EST JALOUX

Par la fenêtre, Petit Trognon voyait Mathias devant la maison : chaque matin, il attendait Paul et chaque soir, ils se séparaient. Et cela ne lui plaisait pas du tout. « Il s'est déjà lassé de moi » s'attristait-il. Et ce jour-là, il n'inventa aucune farce et resta dans son coin sans parler avec Pierrot, ni même jouer aux cartes.

6
septembre

PETIT TROGNON À L'ÉCOLE

Le petit bonhomme vert pâlissait et dépérissait comme s'il se desséchait. La nuit, il se réveillait en sursaut et criait :

– Non, non, non !

Tout le jour, il gémissait :

– *Aïe*, hélas, pauvre de moi !

Puis il cessa de manger.

– Si ça continue comme ça, notre pauvre Petit Trognon va tomber malade, conclut sagement Pierrot.

– Ah, non alors ! s'écria Mathias.

Et il décida d'emmener le petit bonhomme vert avec lui dès le lendemain.

7
septembre

LA BERCEUSE

Les enfants étaient ravis. Ils n'avaient jamais vu de bonhomme trognon ! Petit Trognon devint même l'ami de Paul. À midi, il mangea des carottes râpées, du poulet rôti avec des pommes de terre, de la glace à la vanille et faillit éclater. Puis la maîtresse chanta une berceuse pour la sieste :

Dormez, dormez, mes enfants…
Vos yeux se ferment lentement…

Et elle chantait si bien qu'elle s'endormit elle-même.

8
septembre

L'OCCASION FAIT LE LARRON

Les enfants dormaient, la maîtresse dormait, Petit Trognon sauta sur l'occasion et sortit de sa cachette. Il avait toute l'école pour lui ! Il visita le rez-de-chaussée et l'étage, le toit et la cheminée, l'escalier avec la rampe où l'on glissait si bien, examina chacune des chaussures alignées dans l'entrée, et courut au jardin enchanté, plein de cachettes secrètes, d'arbres mystérieux et de recoins oubliés dont il avait tellement entendu parler…

9
septembre

PETIT TROGNON DANS LE JARDIN

En arrivant dans le jardin, Petit Trognon pensait avoir changé de monde. Il glissa sur le toboggan rouge, fit de la balançoire, puis découvrit le bac à sable. Il s'assit dans le sable doré et commença à bâtir un château de contes de fées. Une tour à chaque coin, des créneaux, de hauts remparts percés de meurtrières, pour que les gens du château puissent se défendre des ennemis. Soudain, le pont-levis s'abaissa en grinçant et le petit bonhomme vert passa au-dessus du fossé, droit vers le château.

10
septembre

LE PAYS MINUSCULE

Loin, très loin après la région des dunes, se trouvait le Pays minuscule. Il était semblable aux autres pays, mais en beaucoup plus petit. On y voyait des forêts et des rivières minuscules, des arbres, des étangs et des ruisseaux nains. Et aussi un petit château, un petit fossé enjambé par un petit pont-levis, avec une sentinelle plus petite que le doigt. Dans le château vivait un petit roi, avec sa fille minuscule, ses petits domestiques et, bien sûr, un tout petit pouvoir.

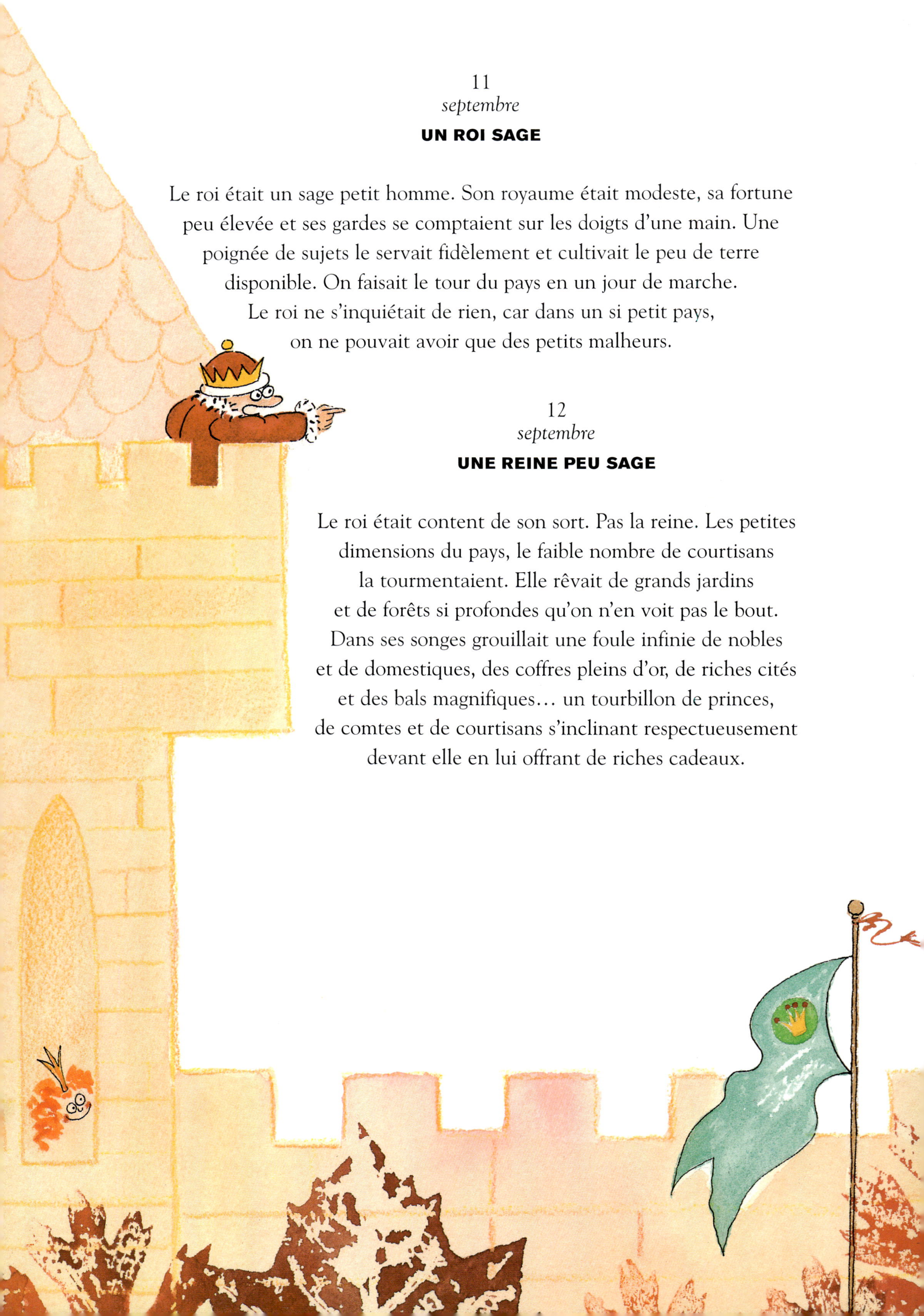

11
septembre

UN ROI SAGE

Le roi était un sage petit homme. Son royaume était modeste, sa fortune peu élevée et ses gardes se comptaient sur les doigts d'une main. Une poignée de sujets le servait fidèlement et cultivait le peu de terre disponible. On faisait le tour du pays en un jour de marche. Le roi ne s'inquiétait de rien, car dans un si petit pays, on ne pouvait avoir que des petits malheurs.

12
septembre

UNE REINE PEU SAGE

Le roi était content de son sort. Pas la reine. Les petites dimensions du pays, le faible nombre de courtisans la tourmentaient. Elle rêvait de grands jardins et de forêts si profondes qu'on n'en voit pas le bout. Dans ses songes grouillait une foule infinie de nobles et de domestiques, des coffres pleins d'or, de riches cités et des bals magnifiques… un tourbillon de princes, de comtes et de courtisans s'inclinant respectueusement devant elle en lui offrant de riches cadeaux.

13
septembre

LA PRINCESSE

Au château vivaient le roi sage, la reine peu sage et une joyeuse petite princesse. La reine désirait que sa fille lui ressemble, mais la princesse préférait voir tout le monde heureux que posséder un collier de perles. Elle avait bon caractère et était un peu curieuse. Parfois très curieuse. Et ce jour-là, plus que jamais : de sa vie elle n'avait rencontré de bonhomme trognon !

14
septembre

LE CHÂTEAU TREMBLE

Petit Trognon, dans la cour, restait stupéfait. Les vitres tremblaient à se briser. Les murs se fendillaient et les tours s'inclinaient d'abord dans un sens, puis dans l'autre. Tout ça parce que la reine trépignait de rage et que le roi lui résistait. Aucun d'eux n'était prêt à céder.

15
septembre

PETIT TROGNON À LA RESCOUSSE

Petit Trognon se tenait dans la cour et n'arrivait pas à en croire ses yeux lorsque la princesse arriva.

– Que se passe-t-il ? demanda-t-il.

– C'est Papa qui se dispute avec Maman, à moins que ce ne soit le contraire ? hésita la princesse.

– S'ils n'arrêtent pas très vite, le château va tomber en poussière, dit Petit Trognon. Et si nous allions les aider ?

La princesse accepta et le prit par la main. Elle voulait encore lui demander comment il s'appelait et d'où il venait, mais elle garda ses questions pour plus tard.

16
septembre

UNE SALLE COMME UNE BOÎTE À FROMAGE

Le petit bonhomme vert et la princesse entrèrent dans une salle pas plus grande qu'une boîte à fromage.
– Je m'ennuie horriblement ! Je voudrais un grand pays, un grand château et plus de domestiques ! trépignait la reine, et le château s'inclina à droite.
– Je voudrais une terre plus petite, un château encore moins grand, et moins de domestiques, pour avoir moins de soucis ! se fâcha le roi, et le château s'inclina à gauche.
– Je voudrais prendre de grandes décisions ! cria la reine, et le château pencha à droite.
– Je voudrais ne prendre que des décisions qui me concernent ! rugit le roi, et Petit Trognon faillit tomber.

Le roi et la reine

17
septembre

PETIT TROGNON AGIT

Petit Trognon comprit que le roi et la reine ne s'entendraient jamais. Il chercha un moment dans sa tête puis, pour contenter les deux à la fois, il réduisit la taille du château et tripla le nombre de domestiques. Bientôt l'atmosphère fut irrespirable. La salle comme une boîte à fromage menaça d'éclater tant il y avait de monde. De plus, l'eau du fossé s'engouffra dans la salle. La reine commença à étouffer, mais les servantes, trop nombreuses, l'empêchaient de sortir respirer un air frais.

18
septembre

NOUVEAU SOUHAIT

Le roi vit que son souhait était vain. Impossible de réduire encore un si petit château ! Il réalisa que ses soucis ne diminueraient pas dans un château plus petit. La reine comprit qu'avoir plus de domestiques ne rimait à rien. Avant de s'entourer de cent servantes, il faut d'abord qu'il y ait assez d'air pour pouvoir respirer quand on en a besoin. Le roi et la reine prièrent donc Petit Trognon de les aider une fois encore.

19
septembre

PETIT TROGNON AGIT DE NOUVEAU

Le petit bonhomme vert réfléchit. Cette fois-ci, il agrandit le château et réduisit le pays. Mais il ne contenta personne. La reine se plaignit de voir sa terre disparaître et qu'il n'en reste que le château. Le roi s'inquiéta de savoir où il mettrait tous ses sujets, ses paysans, ses champs et ses troupeaux : les vaches ne peuvent pas paître dans la cour du château !

20
septembre

UNE GRAVE DÉCISION

Petit Trognon en avait vraiment assez. Si le roi et la reine ne pouvaient se décider, il fallait qu'un autre choisisse. Et il s'adressa à la petite princesse.

– Préfères-tu un pays qui s'étend à perte de vue, ou une terre petite comme la main ? demanda-t-il avec un sérieux de pomme, avant d'ajouter :

– Et le château, le veux-tu grand comme la plus haute montagne ou petit comme une bague ? Et désires-tu plus de domestiques, pour ne plus rien avoir à faire ?

La princesse comprit qu'elle tenait l'avenir du royaume dans sa main. Craignant de parler à la légère, elle préféra d'abord aller dormir.

21
septembre

LA NUIT PORTE CONSEIL

Le lendemain, tous se réunirent dans la salle grande comme une boîte à fromage. Dans le silence, la princesse regarda Petit Trognon droit dans les yeux.
– Je voudrais retrouver la terre sur laquelle je suis née. Je voudrais habiter le château où j'ai appris à marcher et que je connais si bien. Et je voudrais que nous ayons autant de domestiques qu'il y en avait quand tu es arrivé. Pas un de moins et pas un de plus, et je pense qu'ils seront exactement assez nombreux.

22
septembre

LE DERNIER SORT

Le petit bonhomme vert approuva et remit tout en état, juste comme c'était avant. Alors, il entendit grincer les chaînes du pont-levis. Il comprit qu'il était temps de rentrer.

23
septembre

LE PAYS DANS LA JOIE

La vie reprit comme avant. Une seule chose changea : le roi et la reine cessèrent de se disputer. Le château cessa de se balancer et le Pays minuscule retrouva le sourire, comme la petite princesse qui avait sauvé sa chère petite terre dont on faisait le tour en un seul jour de marche. Mais pour ses petites jambes, c'était déjà trop !

24
septembre

LE BAC À SABLE

L'après-midi, les enfants jouaient dans le sable quand ils virent quelque chose remuer. C'était une chose étrange qui soufflait et faisait voler le sable dans tous les sens.

– Un ver de terre ! s'écrièrent soudain les enfants.

La maîtresse accourut et sourit.

– Il va pleuvoir, expliqua-t-elle. Les vers de terre sortent avant la pluie. Pourtant le ciel était parfaitement bleu.

25
septembre

LA PUNITION

Mathias fut content de voir revenir le petit bonhomme vert. Tous ces jours sans avoir de nouvelles ! Cela ne se fait pas. Il pensa le gronder comme il le méritait. Sur les conseils de son ami Paul, il changea d'avis et décida que Petit Trognon resterait prisonnier dans la maison pour pouvoir réfléchir. L'ours Pierrot pensait, quant à lui, qu'il suffisait que Petit Trognon promette de téléphoner la prochaine fois qu'il partirait dans le Pays minuscule. Il ne pouvait pas savoir qu'au Pays minuscule, il n'y a pas de téléphone.

26
septembre
PETIT TROGNON RACONTE

Le petit bonhomme vert devait avant tout se laver et manger. On aurait dit un épouvantail qui semait du sable à chaque pas, et il n'avait pas avalé une miette depuis son départ. Puis il se coucha et dormit un peu. Quand il se réveilla, Mathias voulut savoir tout ce qui lui était arrivé. Et Petit Trognon raconta, raconta jusqu'à la nuit, et Mathias alla se coucher. Avec tout ça, il avait complètement oublié de punir Petit Trognon.

27
septembre
LE PAYS DES RÊVES

Mathias dormait. Doucement, il tourna la clé, ouvrit la porte et s'assit dans le sable. À la lueur de la lune, il édifia un château et attendit que le pont-levis s'abaisse… Peut-être avait-il oublié une tour ou un créneau ? Le pont-levis ne bougea pas et le Pays minuscule demeura pour lui un mystère.

28
septembre

L'AUTOMNE

Un jour, Mathias regarda avec étonnement autour de lui et vit les arbres rouges dont les feuilles tombaient. Il frissonna dans le vent comme les cerfs-volants que les enfants lançaient. L'automne arrivait en silence, Mathias l'avait à peine remarqué.
– Je veux un cerf-volant ! déclara-t-il, et il sortit acheter du papier de couleur, de la ficelle et de la colle.

29
septembre

LE CERF-VOLANT AUX GRANDS YEUX

Mathias fabriqua un cerf-volant avec de grands yeux et une longue queue rouge.
– Pourquoi a-t-il de si grands yeux ? demanda Petit Trognon, qui venait de lire *Le Petit Chaperon rouge*.
– C'est pour mieux te voir ! répondit Pierrot, qui ne manquait jamais une occasion de plaisanter.
– Et pourquoi a-t-il une si longue queue ?
– Pour t'emporter jusqu'au ciel !

30
septembre

PETIT TROGNON VOLE

Mathias attacha le cerf-volant aux grands yeux à une longue ficelle, courut et le lança dans le vent. Le vent joua un peu, puis vit que le cerf-volant voulait sérieusement voler, et il souffla alors de toutes ses forces. Le cerf-volant bondit et s'éleva dans le ciel : au dernier moment, Petit Trognon en attrapa la queue et s'envola…
– Il s'en va encore on ne sait où ! soupira Mathias.

1er
octobre

À VOL D'OISEAU

Petit Trognon vola comme un oiseau migrateur. Il croisa des hirondelles, des canards sauvages et des cigognes. Il vit les villes, les villages, les étangs bleutés, les prés et le zigzag des rivières. De là-haut, le monde paraissait minuscule, et les gens encore plus !

2
octobre

FIN DU VOYAGE

Le petit bonhomme vert s'émerveillait de toute cette beauté quand, brusquement, *crac !* Il eut un étourdissement et pensa que la fin du monde était arrivée. Ce n'était que le cerf-volant, qui, fatigué de porter un tel poids, l'avait lâché dans un arbre. Le cerf-volant bondit joyeusement et *hop !* s'envola vers le ciel bleu…

3
octobre

DANS L'ARBRE

Petit Trognon, perdu sur la branche d'un grand pin, ne savait que faire. S'il appelait au secours, personne ne viendrait. S'il essayait de siffler, tout le monde penserait qu'un oiseau nichait là. S'il agitait les bras, il tomberait au sol et se briserait les pattes avant qu'on le trouve. C'était vraiment une forêt très profonde !

4
octobre

LA NUIT TOMBE

Comment se sortir de ce pétrin ? Sur son arbre, Petit Trognon réfléchissait encore et encore sans parvenir à rien. Il ne vit pas le soleil disparaître à l'horizon et la nuit noire se lever. Mais comme on dit, la nuit porte conseil, et il s'endormit…

5
octobre

LE RÉVEIL

La forêt s'éveillait lentement. Le petit bonhomme vert ouvrit les yeux et découvrit le museau humide d'un écureuil assis sur la branche qui attendait avec curiosité de voir comment il s'en sortirait.

– *Eh*, tu m'as fait peur ! fit Petit Trognon, soulagé.

Pourtant, il n'avait jamais rencontré d'écureuil auparavant.

6
octobre

CONVERSATION POLIE

Qu'est-ce qu'une conversation polie ? Peut-être le dialogue dans le pin entre l'écureuil et Petit Trognon :

– Que fais-tu là ? demanda l'écureuil en attrapant une puce qui le piquait.

– Je dors, tu ne vois pas ? répondit-il, même s'il était clair qu'il ne dormait plus.

– Et tu vas dormir encore longtemps ? s'enquit poliment l'écureuil, qui sentit une autre puce et s'agita. La puce sauta sur Petit Trognon et le piqua à la jambe. *Aïe !* Le petit bonhomme vert, effrayé, tomba de sa branche sur la mousse au pied de l'arbre. Et la conversation s'acheva.

7
octobre

PETIT TROGNON RÉFLÉCHIT

Petit Trognon s'assit et chercha un moyen de prévenir Mathias. Il pensa à un pigeon voyageur, mais il n'en trouva aucun. Non loin, des fourmis bâtissaient une nouvelle fourmilière et, dans la clairière, un cerf paissait. Les fourmis travaillaient sans rien remarquer, et le cerf n'avait pas d'ailes. Alors le petit bonhomme vert entendit résonner au loin : « *coucou, coucou !* » Puisqu'il n'avait pas de pigeon voyageur, il se contenterait d'un coucou.

8
octobre

LA RUSE

La forêt était profonde et le voyage fort long. Enfin, Petit Trognon arriva au pied de l'épicéa où habitait le coucou. Il le salua respectueusement et demanda de l'aide.

– Je ne suis pas de ceux qui apportent le courrier ! se vexa le coucou. Je ressemble à un pigeon, peut-être ?

– Tu es tellement plus intelligent qu'un pigeon que ce sera un jeu d'enfant pour toi d'apporter une lettre ! déclara habilement Petit Trognon.

9
octobre

LE COUCOU EST... UN COUCOU

Le coucou réfléchit.
– Oui, je suis bien plus intelligent qu'un pigeon voyageur. *Coucou, coucou.* Apporter une lettre n'est vraiment pas un problème pour moi !
Et pour le prouver, un seul moyen : serrer la lettre dans son bec, déployer ses ailes et voler…

10
octobre

APPEL À L'AIDE

Cher Mathias,

Je te salue cordialement depuis la forêt de la Nouvelle Fourmilière. Le cerf-volant m'a laissé ici et je ne sais plus où est la maison. J'ai convaincu le coucou, qui est plus intelligent qu'un pigeon voyageur, de t'apporter cette lettre. Viens vite me chercher.

Ton ami Petit Trognon.

P-S : Je ne sais pas si le coucou est plus intelligent qu'un pigeon : on le verra si tu reçois cette lettre !

11
octobre

L'ATTESTATION

Le coucou distribua la lettre de Petit Trognon. Mathias le remercia poliment, car il s'était fait du souci, mais le coucou restait sur le bord de la fenêtre, ayant l'air d'attendre quelque chose.

– Tu veux boire, ou te reposer ? demanda Mathias.

Le coucou fit non de la tête. Il n'avait pas besoin de repos, mais d'une attestation pour la lettre. Sinon, comment prouver qu'il était plus intelligent qu'un pigeon voyageur ?

12
octobre

MATHIAS N'A PAS DE TAMPON

Mathias resta interdit. Il pouvait écrire ou dessiner une attestation, mais il n'avait pas de tampon ! Et une attestation sans tampon ne vaut rien !

13
octobre

PIERROT RÉDIGE L'ATTESTATION

Heureusement que Pierrot était là. Il connaissait une demoiselle des postes qui lui avait offert pour sa fête un tampon rond. Il écrivit donc de sa lourde écriture d'ours :

ATTESTATION

Nous certifions que le coucou de la forêt de la Nouvelle Fourmilière a distribué la lettre. Il ferait un excellent pigeon voyageur.

L'ours Pierrot

le 13 octobre

14
octobre

C'EST L'AUTOMNE !

Le coucou reçut l'attestation, poussa son cri et s'envola.
Mathias savait maintenant où chercher Petit Trognon,
mais comment y aller ? Il réfléchit un moment puis s'écria :
– C'est l'automne ! Dans la forêt de la Nouvelle Fourmilière,
on trouve sûrement des champignons !

15
octobre

LE VRAI VISAGE DE L'AUTOMNE

La forêt de la Nouvelle Fourmilière regorgeait de champignons.
Des bolets, des cèpes, des girolles, des coulemelles, des
vesses-de-loup et bien d'autres… de toute forme et de toute couleur.
Et aussi des amanites tue-mouches, de loin les plus nombreuses.

16
octobre

UNE VRAIE PROMENADE D'AUTOMNE

C'était vraiment l'automne. Les feuilles rousses,
le matin frais, le brouillard, les derniers fruits
et les premiers champignons. Mathias alla chercher
les paniers pour une vraie promenade d'automne.

17
octobre

SIX JAMBES HUMAINES

Dans la forêt de la Nouvelle Fourmilière apparurent six jambes humaines : les deux grandes appartenaient à Papa, les deux fines étaient celles de Maman, et les deux dernières, celles de Mathias. Elles étaient encore petites, mais elles couraient très vite. Il fallait secourir Petit Trognon !

18
octobre

LE COUCOU HEUREUX

Heureusement que Pierrot avait écrit une belle attestation ! Le coucou la présenta au Conseil des oiseaux qui le nomma directeur de l'École supérieure des oiseaux postiers. Le coucou, fou de joie, conduisit Mathias avec empressement jusqu'à Petit Trognon.
Coucou, coucou !

19
octobre

HEUREUSES RETROUVAILLES

Le petit bonhomme vert fut si heureux qu'il sauta droit dans le panier. Il salua les champignons que Mathias avait trouvés en chemin : deux belles girolles, un lactaire des prés et trois bolets. Il avait un peu écrasé leurs chapeaux, mais il s'excusa comme il faut et les champignons, sans dire un mot, se poussèrent pour lui faire une place.

20
octobre

UNE LONGUE SOIRÉE

Papa et Maman remplirent leurs paniers et revinrent à la maison. Toute la soirée, Papa tria et nettoya les champignons pendant que Maman les coupait pour les mettre en conserve. Et bientôt Papa trouva Petit Trognon, profondément endormi dans le panier.
– D'où vient cette pomme entamée ? s'étonna-t-il.

21
octobre

GRAND DANGER

Qui sait ce qui serait arrivé au petit bonhomme vert si Maman avait fait plus attention ? Maman l'aurait coupé en petits morceaux et elle l'aurait fait cuire avec des oignons, de l'ail et du persil…

22
octobre

LE VERRE BRISÉ

Heureusement, Maman, un peu fatiguée, heurta par erreur un verre sur la table. Le verre tomba et des éclats volèrent dans toute la cuisine. Papa se leva pour l'aider, laissant sur la table Petit Trognon qui se réveilla enfin et courut se cacher. Moralité :

Le verre brisé porte bonheur !

23
octobre

L'OISIVETÉ

Chaque matin, Mathias partait à l'école et ses parents au travail. Les jours, de plus en plus froids, raccourcissaient, et Petit Trognon restait au chaud près de la cheminée à ne rien faire. Et qu'arrive-t-il quand on passe toutes ses journées à ne rien faire ?

24
octobre

PETIT TROGNON S'ENNUIE

Petit Trognon, assis, ne faisait rien. Rien de rien, jusqu'à fermer les yeux par moments alors qu'il n'était même pas fatigué. Il oublia de faire attention à ce qui se passait. La porte grinça et ce qui devait arriver arriva : l'Ennui s'approcha silencieusement. Il se réjouit de voir que Petit Trognon ne faisait rien, et *hop !*

il lui sauta au cou.

25
octobre

UN TRISTE SPECTACLE

Le petit bonhomme vert restait assis et s'ennuyait à mourir. Il se leva et tenta de secouer l'Ennui, mais celui-ci l'avait pris à la gorge et s'accrochait à lui comme une tique. Petit Trognon se mit sur la tête, mais rien n'y fit ! L'Ennui s'agrippait bec et ongles.

26
octobre

PIERROT S'INQUIÈTE

Après trois jours en compagnie du petit bonhomme vert et de son Ennui, Pierrot s'inquiéta. À moins d'intervenir, Petit Trognon allait mourir d'ennui. Et comment expliquer à Mathias que pendant qu'il était à l'école, personne ne surveillait Petit Trognon ?

Les microbes

27
octobre

PETIT TROGNON FAIT DU THÉ

L'ours Pierrot redressa Petit Trognon qui restait assis, l'Ennui autour du cou.
– Je crois que j'ai la grippe, annonça-t-il, et il éternua, toussa et renifla.
L'Ennui se leva, de peur d'être contaminé, et disparut.
Petit Trognon se dirigea vers la cuisine, prépara du thé brûlant avec du citron et du miel (quand on fait du thé pour un ours, il ne faut pas oublier le miel !), et soigna son ami.

28
octobre

LE DANGER GUETTE

Il fallait encore distraire le petit bonhomme
vert au cas où l'Ennui reviendrait.
– Il ne doit pas être loin, remarqua Pierrot en distribuant les cartes.
Il avait oublié que Petit Trognon était un excellent joueur. Il gagna une fois, deux fois, et la troisième fois un léger bruit se fit entendre derrière l'armoire. L'Ennui apparut et *hop !* il agrippa Petit Trognon avec ses griffes acérées.
– Le danger guette à chaque pas, fit Pierrot, et il rangea les cartes.
Fini de jouer pour aujourd'hui.

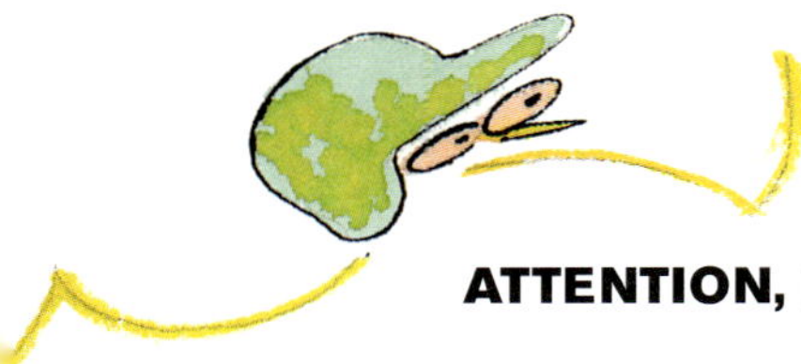

29
octobre

ATTENTION, L'ENNUI EST CONTAGIEUX !

L'Ennui se plaisait dans la chambre d'enfant comme s'il y avait toujours vécu. Et bientôt, en plus de Petit Trognon, les pastels et tous les crayons sur la table s'ennuyèrent, ainsi que le jeu de construction, les livres et le train qui s'arrêta de rouler. Pierrot eut peur de tomber malade lui aussi.

30
octobre

UN MICROBE APRÈS L'AUTRE

Un matin, Mathias partit à l'école, les parents au travail, et Pierrot dut se recoucher. Il avait mal à la gorge et le nez bouché.
– Tu ne m'auras pas cette fois ! ricana l'Ennui, en s'accrochant de toutes ses forces aux jouets.
Il pensait que c'était encore une ruse. Mais, cette fois, Pierrot était vraiment malade, et on vit arriver un microbe, puis un autre, et bientôt la chambre en fut pleine. Il y avait des microbes partout.

31
octobre

L'ENNUI ABANDONNE

Les microbes sont très sociables. Ils ne font aucune différence entre les adultes, les enfants et les grands-parents. Ils se précipitent sur les animaux, les cubes, les ours en peluche et les petites autos.
L'Ennui attrapa un rhume, puis la coqueluche et enfin une pneumonie. Que faire d'autre sinon rentrer se mettre au lit et boire du thé brûlant ?

1er
novembre

UN MOIS MAL ÉLEVÉ

Novembre arriva sans frapper. Drôle de mois…
– Qu'est-ce que c'est que ces manières ?
s'emporta Petit Trognon.
Mais Novembre s'en moquait éperdument.

2
novembre

PETIT TROGNON EST PERPLEXE

Le temps passait et le petit bonhomme vert s'étonnait que Novembre ne frappe pas. Était-ce normal ?

– Pourquoi frapper ? s'emporta Novembre.

– On frappe avant d'entrer quand on est bien élevé, insista Petit Trognon.

– Je reviens chaque année ! souffla Novembre au nez de Petit Trognon.

C'était vraiment un mois très étrange.

3
novembre

TOUT LE MONDE EST PERPLEXE

En novembre, personne ne sait si c'est encore l'automne ou déjà l'hiver. Le matin, il y a du givre sur l'herbe. À midi, le soleil sort prudemment et chauffe un peu, puis un vent glacé souffle et, l'après-midi, il fait un froid à ne pas mettre un chat dehors. Le soir peut être assez calme, sauf quand les premiers flocons de neige s'agitent. C'est vraiment très étrange.

4
novembre

PETIT TROGNON PERD PATIENCE

Bientôt, le petit bonhomme vert se mit tout à fait en colère. Trop, c'est trop ! Un jour, Mathias prit son bonnet, mais le soleil brillait et il eut chaud au crâne. Le lendemain, il sortit tête nue, mais un vent glacé soufflait : il prit froid et ne put retourner à l'école. C'était insupportable.

5
novembre
UNE BONNE IDÉE

Le petit bonhomme vert refusait de rester les bras ballants à regarder Novembre faire des blagues aux gens. On devait bien pouvoir trouver quelque chose pour rétablir l'ordre et arrêter une fois pour toutes ce mois qui n'en faisait qu'à sa tête ! Petit Trognon s'habilla chaudement et grimpa sur le toit. Il s'abrita derrière la cheminée et observa le ciel. Le soleil brillait prudemment et, bientôt, un rayon toucha la gouttière à côté de Petit Trognon. Sans hésiter, il attrapa le rayon et se mit à grimper…

6
novembre
L'ANNÉE

Là-haut, loin dans les nuages, habite le père des douze mois, le seigneur du temps et maître du monde. Il est puissant, vieux et sage. Il s'appelle l'Année. Son château est simple, avec une seule tour. Sa cour ressemble à celle de n'importe quelle maison et la salle du trône sert aussi de salle à manger, de salon de musique et de théâtre. L'Année siège sur un trône de rameaux de bouleau, sirote la rosée du matin et grignote des biscuits au brouillard et des brioches de l'aurore.

7
novembre

QUI EST PETIT TROGNON ?

Le petit bonhomme vert traversa
la Voie lactée et la Grande Ourse
avant d'arriver devant le trône
de bouleau.
L'Année étudia attentivement
cette curieuse créature.
Il n'avait jamais rien vu de pareil.

8
novembre

LE GOÛTER

Finalement, l'Année convint
que Petit Trognon était juste
Petit Trognon, et il offrit
à cette étonnante créature
un gâteau au brouillard.
C'était justement l'heure du goûter !
Il goûta pour être poli.

L'Année

9
novembre

LE BROUILLARD

– *Miam, miam*, c'est délicieux !
Le petit bonhomme vert avala une première bouchée. À cet instant, sur tout son corps s'étendit un brouillard aussi épais que de la purée et Petit Trognon ne vit rien à un pas devant lui.
Brouillard à droite, brouillard à gauche, brouillard devant et derrière, et le trône là-bas dans le lointain, inaccessible…
C'était délicieux !

10
novembre

ON NE SAIT OÙ

Petit Trognon plana dans les nuages
et chercha vainement du regard
l'Année et son trône. Il ne voyait
que du brouillard. Un brouillard
lourd, gris-blanc, qui s'épaississait
sans cesse. Loin là-bas, on ne
sait où résonnait une musique.
Le petit bonhomme vert reconnut
des cloches et des cymbales pareilles
à la voix des anges. Il craignit
de se perdre dans ce brouillard
et de ne plus pouvoir rentrer.

11
novembre

SOUVENIR D'ENFANCE

Quand il était encore une
petite pomme, Petit Trognon
vivait sur la plus haute branche
d'un puissant pommier, au milieu
d'un verger. Un jour, le brouillard
tomba, tellement épais qu'on ne
voyait plus les pommiers d'à côté
et que le facteur qui distribuait
les lettres se perdit tout à fait.

12
novembre

LES LETTRES PERDUES

Le facteur se perdit, et avec lui
sa sacoche pleine de lettres
à distribuer à leurs destinataires.
Les lettres restèrent quelque part
dans le brouillard, avec le facteur
errant de-ci de-là. Le facteur se
désolait de ne pouvoir distribuer
les lettres de sa sacoche.
Et les lettres s'attristèrent aussi,
car au fond de la sacoche
perdue dans le brouillard,
elles ne servaient à rien.

13
novembre

BIZARRE BROUILLARD

Le brouillard ne reste pas en place.
D'abord ici, puis là-bas, il ne s'arrête
ni ne se repose. Il passa deux heures
dans le verger, puis s'en alla aussi
discrètement et silencieusement
qu'il était venu. Il ouvrit la porte
et sortit, laissant derrière lui vingt
pommiers et un facteur
avec une sacoche pleine
de lettres malheureuses.

14
novembre

LE SENS DE LA RESPONSABILITÉ

Le facteur était un homme sérieux.
Il savait bien qu'il ne pouvait pas
distribuer des lettres tristes
si elles devaient être joyeuses.
Le destinataire a le droit
de recevoir sa lettre dans l'état
où l'expéditeur l'a envoyée.

15
novembre

LE FACTEUR SOUS LE POMMIER

Et le pauvre facteur, assis sous
le pommier de Petit Trognon,
prit les lettres tristes
l'une après l'autre, sourit
et plaisanta, fit le clown et grimaça
en roulant des yeux, jusqu'à ce que
toutes les lettres retrouvent
leur bonne humeur d'antan.
Le facteur malheureux le fut de moins
en moins, jusqu'à redevenir un facteur heureux.

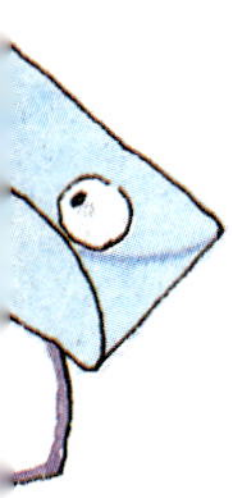

16
novembre

LE RIRE

Le rire est très contagieux.
Le facteur riait, riait, et bientôt
les lettres, les cartes postales,
les petits paquets et les recommandés
éclatèrent tous de rire.
Le facteur vit que tout était en ordre.
Il sauta sur ses jambes, attrapa
sa sacoche où l'on entendait : « *Ah,
ah, ah* » et « *Hi, hi, hi* », et courut
à perdre haleine apporter les bonnes
nouvelles avant que n'arrive
un nouveau souci.

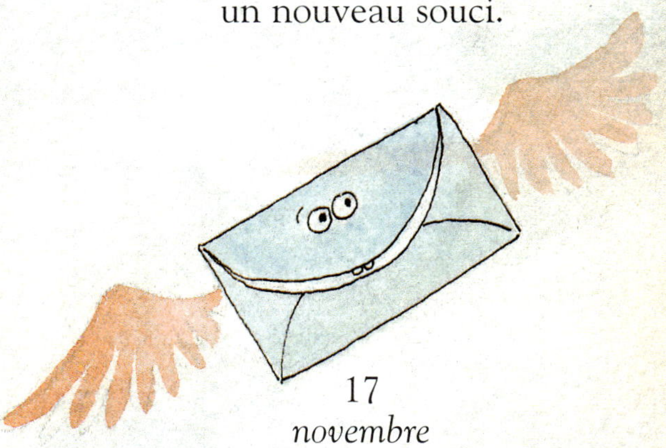

17
novembre

L'ESPOIR

Le petit bonhomme vert
volait toujours sans craindre
de se perdre. Quand le brouillard
se dissiperait, il retrouverait son
chemin comme l'heureux facteur
et ses lettres joyeuses.

18
novembre

AU PAYS DE LA LUNE

Soudain, le brouillard se déchira
et Petit Trognon s'extasia. Devant lui
brillait un énorme château d'argent,
avec une salle d'argent, un trône
d'argent, et sur le trône
la Lune. Cette Lune était assez
différente de celle que Petit Trognon
voyait dans le ciel nocturne.
Elle était froide et triste, silencieuse,
avec des yeux profonds
comme le plus profond des puits.
À ses côtés, se tenait
une reine noire.

C'était la Nuit.

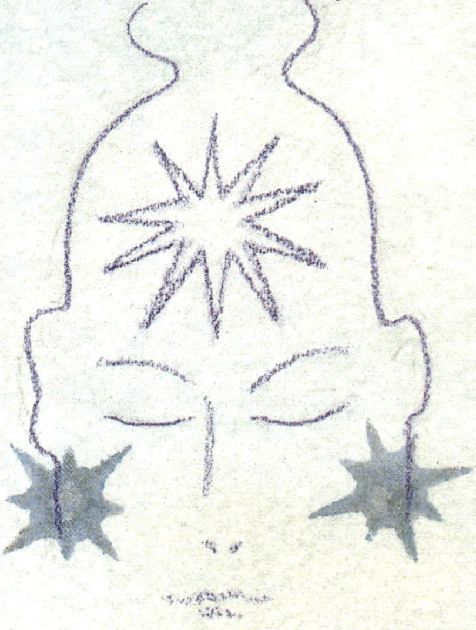

19
novembre

AU PAYS DU SOLEIL

Le brouillard s'épaissit à nouveau. Quand il s'éclaircit, le petit bonhomme vert écarquilla les yeux devant un château tout en or, avec une salle en or, un trône en or, et sur le trône le Soleil. Petit Trognon connaissait le Soleil des jours d'été et il s'étonna de voir sur le trône un gros Soleil, qui riait sans cesse en s'épongeant le front avec un grand mouchoir. À ses côtés, se tenait une reine blanche. Elle s'appelait le Jour.

20
novembre

L'ANNÉE TAQUINE PETIT TROGNON

Soudain, sans trop savoir comment, Petit Trognon se retrouva devant le trône en bouleau. L'Année but une goutte de rosée, s'assit confortablement en faisant crisser les feuilles, dévisagea Petit Trognon de la tête aux pieds et sourit.

– Tu veux goûter une brioche de l'aurore ?

Petit Trognon refusa. Pas question de se perdre et de vagabonder encore on ne sait où dans le ciel !

21
novembre

LES QUATRE SŒURS

Un air de fanfare retentit soudain, la porte s'ouvrit alors et quatre magnifiques jeunes filles apparurent devant Petit Trognon, ébloui.
– Voici mes quatre filles, dit l'Année (les pères aiment se vanter quand ils ont des filles si charmantes). La première se nomme Printemps, la deuxième Été, la troisième Automne et la quatrième Hiver.

22
novembre

LES DOUZE FILS

Le lendemain, les trompettes résonnèrent à nouveau et l'Année présenta au petit bonhomme vert ses douze fils : Janvier, Février, Mars, Avril, Mai, Juin, Juillet, Août, Septembre, Octobre, Novembre et Décembre. L'un après l'autre, ils s'inclinèrent respectueusement et Petit Trognon n'en crut pas ses yeux. Novembre, qui avait causé ce voyage impossible, était méconnaissable. Un drôle de zig qui ne disait même pas bonjour !

23
novembre

UNE GRANDE FAMILLE

Le troisième jour, l'Année conduisit Petit Trognon au jardin de l'aurore et lui offrit une goutte de rosée matinale, qu'il refusa poliment – on ne sait jamais ! L'Année fronça les sourcils. Comment peut-on refuser une goutte de rosée ? Il s'assit avec Petit Trognon sur un banc et se mit à raconter sa vie. Comment il était tombé amoureux et s'était marié, comment ses quatre filles étaient nées, puis ses douze garçons, et comment la reine était morte… Ainsi va la vie.

24
novembre

COMMENT VA LE MONDE

L'Année règne d'une main forte et inébranlable, mais ne peut suffire à tout. Heureusement, ses quatre filles et ses douze fils l'aident. Les filles, plus sages que les garçons, trop turbulents, ont en charge de plus longues périodes : chacune s'occupe de trois garçons.

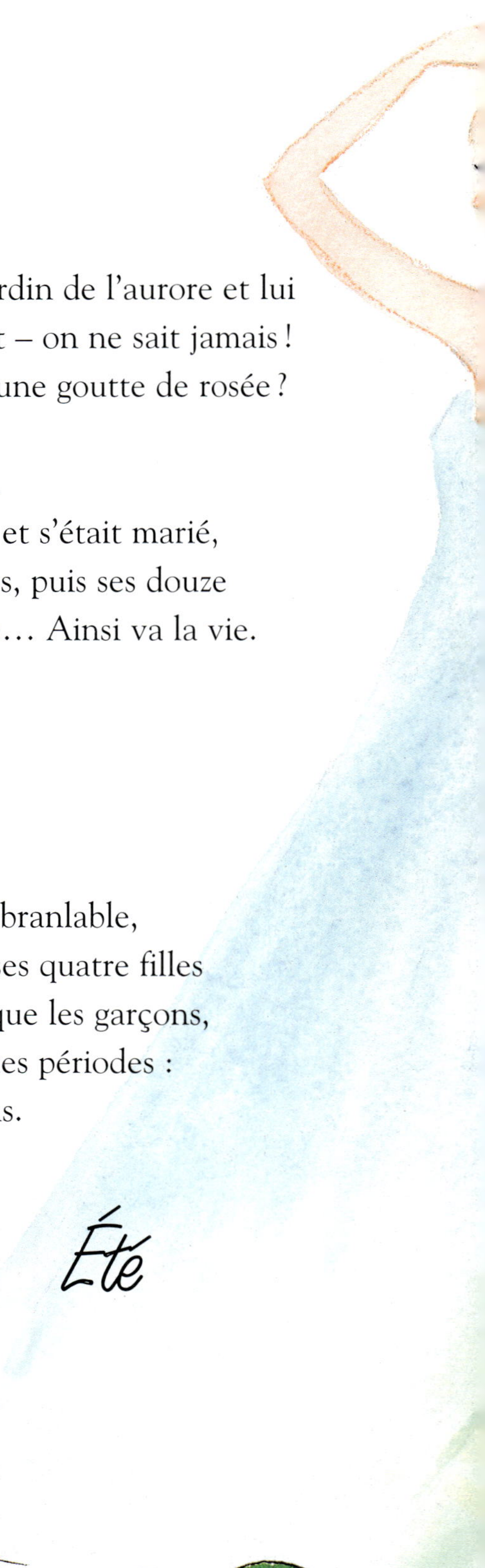

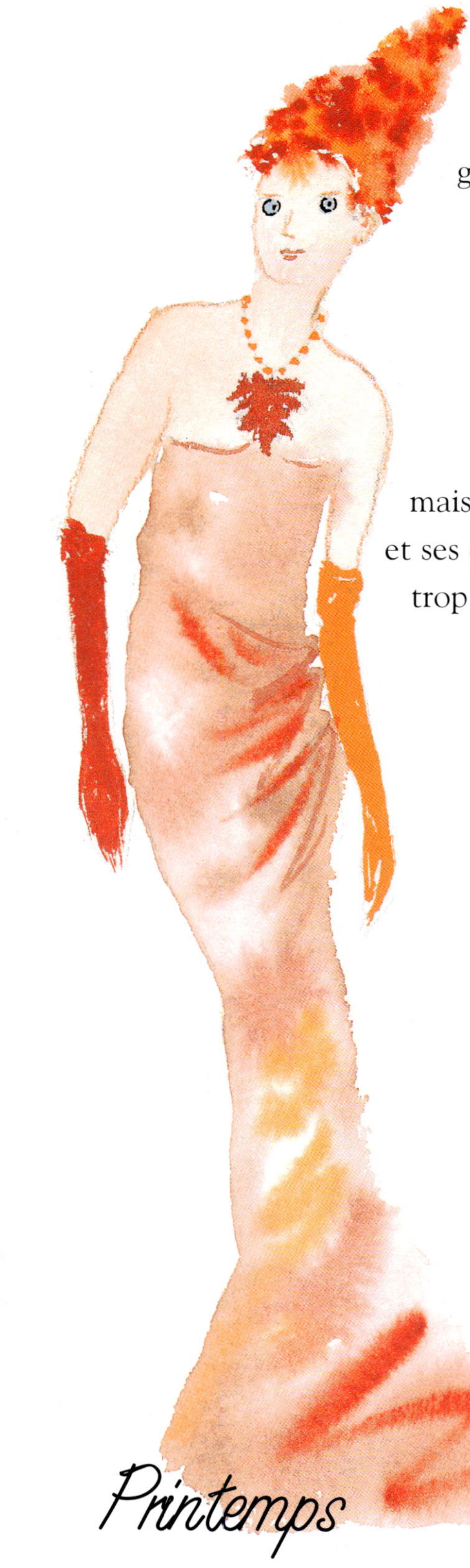

25
novembre

LE CYCLE DE LA VIE

Chaque année revient Printemps, avec le frémissant Mars, le lent Avril et Mai le fleuri. Été s'occupe du joyeux mois de Juin, du chaud Juillet et d'Août le brûlant. L'Automne arrive avec le doux Septembre, Octobre roux et Novembre le dépouillé. À Hiver, la plus sage de toutes, son père a confié Décembre fatigué, le glacial Janvier et le maussade Février.

26
novembre

DES CHOSES TRÈS IMPORTANTES !

L'Année expliqua à Petit Trognon que rien n'est aussi simple qu'il y paraît à première vue. Aucun mois ne frappe aux portes des gens ! Car ses fils ont la responsabilité de choses bien plus importantes !

27
novembre

UNE RUDE TÂCHE

L'Année observe la terre autour de lui : il sait que chacun de ses fils est différent et arrange le monde à sa façon, mais que tous ont bon cœur. La nature est entre de bonnes mains. Sans ses douze fils, l'Année aurait du mal à surveiller la terre, qui aime n'en faire qu'à sa tête.

28
novembre

JOYEUX RETOUR

Soudain, le jardin de l'aurore s'illumina d'une joyeuse lumière et un rayon de soleil apparut.
– Il est temps, dit l'Année.
Il se sépara de Petit Trognon, qui redescendit en un éclair, juste sur le toit de la maison où vivaient Mathias, Pierrot et les parents…

29
novembre
LA QUESTION

Le jour se leva. En s'éveillant, Mathias vit le petit bonhomme vert. Il était assis à la fenêtre et regardait le ciel. Mathias se frotta les yeux et demanda :
– Où étais-tu pendant quatorze jours ? Et il ajouta vite :
– Je suis impatient de t'entendre raconter !
Comme Pierrot aussi était impatient, Petit Trognon raconta.

30
novembre
LA RÉPONSE

Petit Trognon détourna les yeux des nuages gris pleins de froid et de pluie de novembre et dit la vérité :
– Je suis monté jusqu'au ciel.
– Je te crois, dit Mathias
Puis il déjeuna, se brossa les dents et partit à l'école.

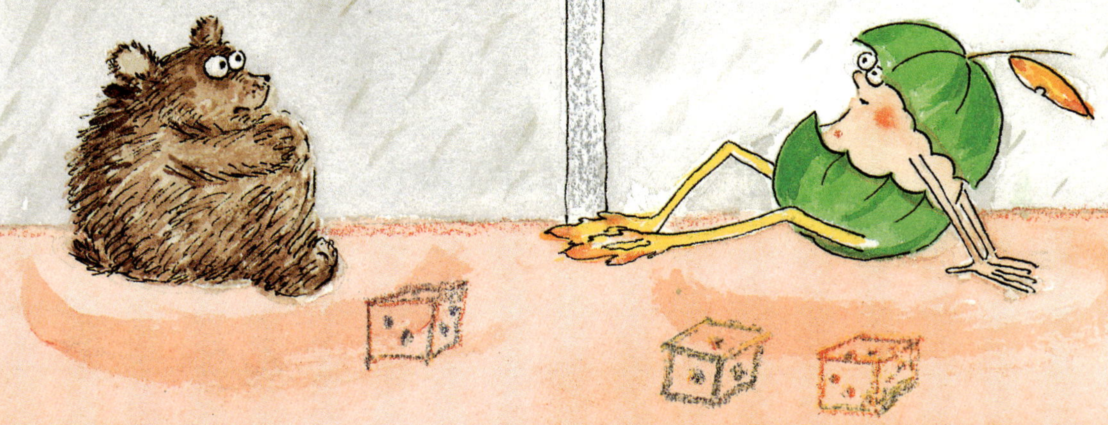

1er
décembre

IL GÈLE À PIERRE FENDRE

Dehors sévissait Décembre, mais dedans il faisait bon. Mathias bâtissait une grande ville, Petit Trognon jouait aux cartes avec Pierrot, Papa regardait la télévision sans croire qu'on ne pouvait pas skier à la montagne, alors qu'il neigeait dru depuis trois jours, et Maman remplissait la baignoire d'eau brûlante, y jetait des sels de bain et rêvait de la Grèce.

2
décembre
LES PÊCHES DE GRÈCE

Un jour, Maman rentra à la maison tout excitée, posa le panier de courses sur la table et appela :

– Venez voir ce que j'ai trouvé !

Mathias accourut avec l'ours Pierrot dans les bras et regarda dans le panier. Papa hésita un peu, mais comme Maman insistait, il se leva et se dirigea vers la cuisine.

– Des pêches grecques ! Des pêches de Grèce ! s'écria Maman et elle sortit avec précaution les fruits dorés.

3
décembre
MAMAN ADORE LA GRÈCE

Maman adorait la Grèce, la mer grecque, le soleil grec – ses souvenirs de l'été passé embellissaient de jour en jour. Quand elle se sentait triste, elle prenait l'album de photos et retournait en pensée là où elle était si bien. Chacun savait que lorsqu'elle goûterait une pêche grecque, elle s'écrierait :

– C'est la meilleure pêche du monde !

4
décembre
L'EXCEPTION QUI CONFIRME LA RÈGLE

Mathias poussait comme un champignon. L'année prochaine, il irait à la grande école ! Mais c'était encore un petit garçon et Maman vint lui souhaiter bonne nuit, comme chaque soir. Elle s'assit sur le lit et posa sur l'oreiller une énorme pêche parfumée. Et non, pas une pomme, ce soir-là Mathias eut droit à une pêche grecque.

5
décembre
LE CONTE GREC

Ce soir-là, Maman raconta l'histoire d'une belle princesse grecque qui aimait un jeune homme vif comme les vagues vertes de la mer et doux comme le soleil grec. Comme c'était un vrai conte, tout finit bien. Mathias mordit dans la pêche dorée, Maman l'embrassa sur le front, lui souhaita de faire de beaux rêves, éteignit la lumière et sortit.

6
décembre
UN TRÈS GROS NOYAU

Mathias gardait dans la main l'énorme noyau de la merveilleuse pêche grecque, gros comme une balle de ping-pong. Il alluma sa petite lampe pour l'admirer.

– Je n'ai jamais vu de noyau aussi gros, souffla-t-il.

Il savait bien que s'il le posait sur la table de nuit, demain Maman le jetterait à la poubelle – mais on ne peut pas jeter un si beau noyau ! Et *hop !* il le cacha sous son lit.

7
décembre
SOUS LE LIT

Le matin, Mathias s'éveilla et entendit des bruits bizarres : *Sviii, sviii, sviii…*

« Et si c'était Pierrot ? » Mais l'ours dormait comme un bienheureux.

« Et si c'était Petit Trognon ? »

Mais il regardait par la fenêtre voltiger les flocons de neige. Et sous le lit, quelque chose sifflait et craquait très faiblement. Mathias eut peur. Il se souvint du soir précédent et regarda vite sous le lit.

8
décembre

CŒUR DE PÊCHE

– Tu te lèves enfin, pas trop tôt ! dit une petite voix de fille.
– Qui es-tu ? demanda Mathias. Et comment sais-tu parler ?
– Et pourquoi pas ?
La voix semblait un peu vexée. Le noyau de l'énorme pêche grecque sauta sur ses pattes, s'étira, et Mathias vit une petite demoiselle qui tenait dans le creux de la main.
– Cœur de Pêche ! se présenta la demoiselle qui sortit de dessous le lit.

9
décembre

L'AVERTISSEMENT

Il y avait donc un nouveau locataire dans la chambre.
– Il ne manquait plus que ça, se plaignit Mathias. D'abord Petit Trognon, qui ne fait que des bêtises et que je dois secourir à tout bout de champ, et maintenant cette pêche.
Le petit bonhomme vert fronça les sourcils, fixant l'intruse d'un air méfiant :
– Attention, chère demoiselle ! C'est *ma* maison !
Cœur de Pêche prit peur et se réfugia sous le lit.

10
décembre

IL FAUT DE L'ORDRE

Maman aimait la propreté. Elle aérait chaque matin, essuyait la poussière chaque samedi, nettoyait les vitres chaque trimestre et passait régulièrement l'aspirateur. Et pour Noël, Maman faisait le ménage avec acharnement. Et même si Mathias nettoyait sa chambre tout seul, Noël était un moment exceptionnel. Maman surgit dans la chambre et l'aspirateur commença à avaler tout ce qu'il trouvait sur son passage comme s'il n'était jamais rassasié.

11

décembre

CHEZ LES VOISINS

Dans l'appartement voisin vivait monsieur Létrange avec sa femme et leur fille qui ne disait pas un mot et ressemblait à un poisson. Il ne lui manquait que les écailles. Madame Létrange passait sa vie à faire des gâteaux et elle en offrait toujours à Mathias. Tous les matins, monsieur Létrange sortait devant la maison en survêtement et faisait dix flexions, puis courait dix minutes, buvait de l'eau minérale et rentrait chez lui. C'était un vrai sportif.

12

décembre

LA LUNETTE MAGIQUE

Si Mathias avait pu faire un trou dans le mur et observer les voisins avec une lunette magique, il aurait vu des choses étonnantes. Monsieur Létrange avait installé chez lui une salle de gymnastique. Il se pendait aux anneaux comme un singe et s'entraînait avec des haltères que personne d'autre ne pourrait soulever. Madame Létrange se changeait parfois en cake aux raisins et s'enfermait dans le four en attendant d'être cuite. Leur fille nageait en rond dans la baignoire en agitant la queue pour changer de sens.

13
décembre

MAMAN ATTAQUE

Maman bondit dans la chambre, l'aspirateur en avant, droit sous le lit. Mathias poussa un cri. Maman arrêta l'aspirateur et regarda son fils, l'air étonné. Il lui prit l'aspirateur des mains et commença à nettoyer comme un fou. Elle n'en croyait pas ses yeux.

14
décembre

L'HIBERNATION

– Et si on fabriquait un bonhomme de neige ? proposa Mathias. L'ours Pierrot se renfrogna. Il était plus que temps d'aller dormir. Petit Trognon n'avait pas gardé que des bons souvenirs du bonhomme de neige de janvier et du royaume des Neiges. Il se lassait un peu des folles aventures, maintenant qu'il était plus vieux et plus sage ! Seule Cœur de Pêche, qui ne savait pas de quoi on parlait mais était très curieuse, accepta avec enthousiasme.

15
décembre

LE BONHOMME DE NEIGE

Mathias expliqua à sa nouvelle locataire comment faire. Ils roulèrent une grosse boule, une deuxième moins grande, et une troisième, toute petite, pour la tête.

Une, deux, trois !

Sur la tête, une vieille casserole, deux charbons pour les yeux, et une longue carotte pour faire un grand nez.

– Bonjour, dit le bonhomme de neige en s'inclinant lourdement, et il les invita au royaume des Neiges.

– Merci, mais nous devons rentrer, s'excusa poliment Mathias qui prit Cœur de Pêche par la main et s'éloigna.

Lui aussi était plus vieux et plus sage d'un an.

16
décembre
LA PÂTISSERIE DU CHAT GOURMAND

En passant devant le Chat gourmand, Mathias offrit à Cœur de Pêche une coupe à la chantilly. Il avait oublié qu'il y avait aussi de la glace. C'était si bon ! Cœur de Pêche mangea autant de glace qu'elle le pouvait, mais elle était si petite, à peine aussi grosse qu'une balle de ping-pong, qu'elle prit froid tout de suite. Quand Mathias la ramena à la maison, elle était affreusement enrhumée.

17
décembre
PETIT TROGNON EST INSUPPORTABLE

Cœur de Pêche se mit au lit et but du thé au citron brûlant.
– Pas étonnant qu'elle soit malade, avec toute la glace qu'elle a mangée ! ricana le petit bonhomme vert, ce qui n'était pas très gentil de sa part.
– Après tout, ce n'est qu'un vulgaire noyau, grimaça-t-il, comme s'il n'était pas lui-même un vulgaire trognon, ce qui n'était pas très gentil non plus.
– Si elle croit que je vais la soigner, elle se trompe, ajouta-t-il, ce qui était vraiment méchant.

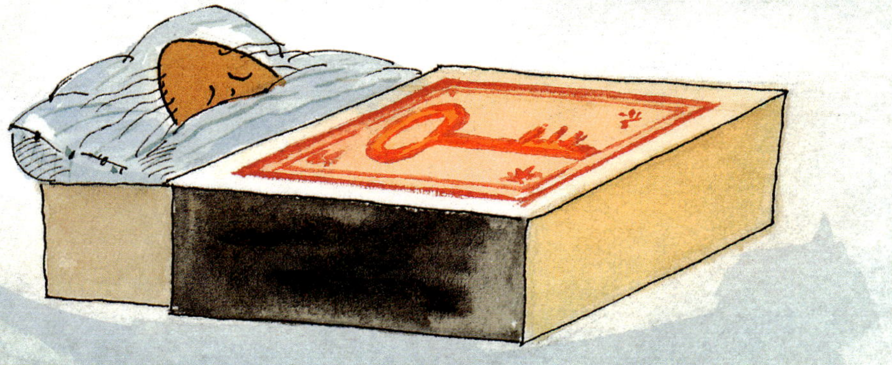

18
décembre

UN CORPS SANS ÂME

Cœur de Pêche gisait dans le lit comme un corps sans âme. Elle but un peu de thé au citron brûlant, mais elle était de plus en plus faible. Mathias étudiait à l'école, Pierrot hibernait tranquillement, les parents étaient au travail et Petit Trognon dessinait des flocons de neige sur la vitre. Cœur de Pêche ouvrit des yeux brillants et rassembla ses dernières forces pour demander :

– Pourrais-je avoir un verre d'eau, s'il vous plaît ?

19
décembre

ŒIL POUR ŒIL, DENT POUR DENT

Petit Trognon s'indigna. *Il n'était pas là pour s'occuper d'un stupide noyau de pêche !* Il fit celui qui n'avait rien entendu et continua de dessiner. D'un coup, tout devint tiède et sombre et le petit bonhomme vert se vit tout seul, couché dans le lit et demandant de l'aide. Mathias à l'école, Pierrot endormi, les parents au travail, et Cœur de Pêche qui disait :

– Je ne suis pas là pour m'occuper d'un imbécile de trognon !

20
décembre

LA HONTE

Petit Trognon eut honte. Comment peut-on être si égoïste ?
Cœur de Pêche l'appelait à l'aide et il dessinait !
Il courut à la cuisine et rapporta un verre d'eau.
Cœur de Pêche était si faible et fragile
que le petit bonhomme vert en eut le cœur serré.
Il s'assit sur le lit et promit de ne pas la quitter
tant qu'elle ne serait pas guérie.

21
décembre

PETIT TROGNON RACONTE

D'abord Cœur de Pêche délira à cause de la fièvre, mais bientôt elle reprit des forces et ses grands yeux noirs se posèrent avec reconnaissance sur Petit Trognon. Celui-ci sentit son cœur battre plus vite. Alors, il s'assit et raconta le royaume des Neiges, la pêche avec Grand-père, la forêt de la Nouvelle Fourmilière et l'histoire de l'Année et de tous ses enfants. Il racontait jour et nuit pour ne pas réfléchir aux changements bizarres qui se passaient en lui.

22
décembre

CŒUR DE PÊCHE FAIT DU CAFÉ

Petit Trognon raconta tout ce qui lui passait par la tête et un jour, Cœur de Pêche put se lever. Elle se risqua d'abord jusqu'à la fenêtre et regarda dehors. Bientôt, elle put aller à la cuisine où elle prépara du café. Quel café extraordinaire ! Petit Trognon le goûta et hocha la tête avec admiration.

Cœur de Pêche malade

23
décembre

CŒUR DE PÊCHE EST GUÉRIE

Un jour, Cœur de Pêche se leva et sentit qu'elle était tout à fait guérie. Le petit bonhomme vert était ravi et triste en même temps. Il aurait voulu raconter des histoires à cette demoiselle grecque aux grands yeux noirs jusqu'à sa mort. Petit Trognon était amoureux de Cœur de Pêche. Il n'avait d'autre solution que de lui demander sa main.

24
décembre

NOËL DERRIÈRE LA PORTE

Noël frappait à la porte, mais PetitTrognon avait la tête ailleurs. La préparation d'un mariage est une affaire sérieuse ! Les bagues, les demoiselles d'honneur, les fleurs, les invitations, un banquet pour cent personnes, la calèche à cheval, et le voyage de noces !

25

décembre

LA NOCE

Mathias fut le premier à recevoir son invitation. Et ce fut une noce exceptionnelle : Petit Trognon en marié et Cœur de Pêche en robe blanche… Le gâteau en forme de pomme, cadeau personnel du pâtissier du Chat gourmand, qui s'ouvrait en deux et découvrait une pêche pleine de glace. Pierrot apporta un gâteau au miel et le coucou de la forêt de la Nouvelle Fourmilière, chanta à perdre haleine pendant toute la fête.

26

décembre

LES CADEAUX DE MARIAGE

La fête dura longtemps. Les invités offrirent leurs cadeaux, et les nouveaux époux reçurent pour leur future maison trois fers à repasser, cinq paires de draps, quatre ménagères en argent et trois grandes horloges de parquet.

L'ours décida d'offrir un conte de fées aux nouveaux époux.

Il ouvrit le livre et lut…

27
décembre
LE CONTE

Un jour, le roi Hiver envahit le monde. Tout gela : maisons, arbres et fleurs, hommes et bêtes. Et aussi Petit Trognon et Cœur de Pêche, qui s'aimaient tendrement. Et comme ils se tenaient la main, l'Hiver les réunit en un pommier de glace. Mais il oublia le cœur brûlant des amoureux. L'amour de Cœur de Pêche pour Petit Trognon était plus fort que la magie des glaces. Son cœur brûlait comme mille feux et réchauffa bientôt toute la terre. Seuls ceux qui avaient un cœur de glace restèrent aussi gelés qu'avant.

28
décembre
LE SAGE PIERROT

Pierrot acheva sa lecture. Quelques invités écrasèrent une larme d'émotion et chacun se promit en secret de devenir meilleur. L'ours emballa le livre dans un papier de soie et l'offrit à Petit Trognon.
– N'oublie pas qu'on n'a jamais trop d'amour, dit-il.
Puis il souhaita aux mariés beaucoup de bonheur et rentra à la maison. Il était grand temps d'hiberner.

29
décembre
LA CLÉ

Mathias se demanda longtemps ce qu'il pouvait bien offrir à Petit Trognon. Il acheta une petite boîte recouverte de brocart rouge et posa une clé dedans.
– Qu'est-ce que c'est que cette clé ? s'étonna Petit Trognon.
– C'est la clé de ma chambre, dit Mathias en tendant la boîte à Petit Trognon. Si un jour tu ne sais plus où reposer ta tête, ma porte te sera toujours ouverte.

30
décembre

PETIT TROGNON S'EN VA

Ce Noël-là fut vraiment exceptionnel.
Mathias était un peu triste que le petit bonhomme
vert le quitte. Mais il était en de bonnes mains.
Et bientôt Mathias entrerait à la grande école :
il aurait moins de temps pour jouer.

31
décembre

LE PLUS BEAU CADEAU DU MONDE

Mathias accompagna Petit Trognon et Cœur de Pêche
à la gare. Il leur trouva un compartiment, deux sandwiches
et une bouteille d'eau. Mais Petit Trognon avait
encore un poids sur le cœur :
– J'espère que nous n'avons pas gâché ta fête de Noël ?
Mathias sourit et secoua la tête.
Jamais il n'avait reçu un si beau cadeau !
Alors le chef de gare siffla
et le train démarra lentement.

1er
janvier

LE RÊVE S'EST ACCOMPLI

C'était le jour du Nouvel An.
Tchouk ! tchouk ! faisait le petit train qui partait dans la campagne.

Bonne nuit...

MAGDALENA WAGNEROVÁ

est née à Prague dans le quartier de Vinohrady (les anciens « vignobles royaux »). Elle a étudié la dramaturgie et l'écriture de scénarios pour le cinéma. Depuis 1986, elle est directrice éditoriale d'une maison d'édition tchèque de littérature. En tant qu'auteur, elle a écrit de nombreux contes et histoires pour les enfants, publiés chez diverses maisons d'édition tchèques. Aujourd'hui, elle vit toujours à Prague avec sa fille Magdalena dans le quartier de Vinohrady.

MARTINA SKALA

est née à Prague, dans le quartier de Mala Strana. Après des études en arts plastiques et un doctorat d'histoire de la Bohême ancienne, elle étudie la scénographie à Prague. En 1984, elle vient à Paris, où elle travaille comme décoratrice sur des films de Roman Polanski, Milos Forman, Henri Verneuil... En 1996, elle accompagne son mari, photographe, aux États-Unis. Ces dernières années, Martina Skala s'est consacrée à l'illustration et à la peinture. Elle vit en Californie avec son mari François, son fils Sacha, le chien Lupo et le chat Pouchkine.